『正法眼蔵』「現成公案」提唱

青山俊董

春秋社

『正法眼蔵』「現成公案」提唱　目次

一　「現成公案」解題……………27

『正法眼蔵』「現成公案」提唱

現成公案　原文

正法眼蔵第一　現成公案《げんじょうこうあん》

諸法《しょほう》の仏法《ぶっぽう》なる時節《じせつ》、すなはち迷悟《めいご》あり、修行《しゅぎょう》あり、生《しょう》あり、死《し》あり、諸仏《しょぶつ》あり、衆生《しゅじょう》あり。

万法《まんぽう》ともにわれにあらざる時節、まどひなく、さとりなく、諸仏なく、衆生なく、生《しょう》なく、滅なし。

仏道もとより豊倹《ほうけん》より跳出せるゆえに、生滅《しょうめつ》あり、迷悟あり、生仏《しょうぶつ》あり。しかもかくのごとくなりといへども、花は愛惜《あいじゃく》にちり、草は棄嫌《きけん》におふるのみなり。

自己をはこびて万法を修証《しゅしょう》するを迷《まよい》とす、万法すすみて自己を修証するはさとりなり。

迷《めい》を大悟するは諸仏なり、悟《ご》に大迷なるは衆生なり。さらに悟上に得悟する漢あり、迷中又迷《うめい》の漢あり。

諸仏のまさしく諸仏なるときは、自己は諸仏なりと覚知することをもちいず。しかあれども証仏なり、仏を証しもてゆく。

身心《しんじん》を挙《こ》して色《しき》を見取し、身心を挙して声《しょう》を聴取《ちょうしゅ》するに、したしく会取《えしゅ》すれども、かがみにかげをやどすがごとくにあらず、水と月とのごとくにあらず。一方を証するときは一方はくらし。

仏道をならふといふは、自己をならふなり。自己をならふといふは、自己をわするるなり。自己をわするるといふは、万法に証せらるるなり。万法に証せらるるといふは、自己の身心および他己の身心をして脱落せしむるなり。悟迹《ごしゃく》の休歇《きゅうかつ》なるあり、休歇なる悟迹を長長出《ちょうちょうしゅつ》ならしむ。

人、はじめて法をもとむるとき、はるかに法の辺際《へんざい》を離却せり。法、すでにおのれに正伝《しょうでん》するとき、すみやかに本分人なり。

人、舟にのりてゆくに、目をめぐらしてきしをみれば、きしのうつるとあやまる。目をしたしく舟につくれば、舟のすすむをしるがごとく、身心を乱想して万法を辨肯するには、自心自性は常住なるかとあやまる。もし行李《あんり》をしたしくして箇裡《こり》に帰《き》すれば、万法のわれにあらぬ道理あきらけし。

たき木《ぎ》、はいとなる、さらにかへりてたき木となるべきにあらず。しかあるを、灰はのち、薪《たきぎ》はさきと見取《けんしゅ》すべからず。しるべし、薪は薪の法位に住して、さきあり、のちあり。前後ありといへども、前後際断せり。灰は灰の法位にありて、のちあり、さきあり。かのたき木、はいとなりぬるのち、さらにたき木とならざるがごとく、人のしぬるのち、さらに生《しょう》とならず。しかあるを、生《しょう》の死になるといはざるは、仏法のさだまれるならひなり、このゆえに不生《ふしょう》といふ。死の生にならざる、法輪のさだまれる仏転なり、このゆえに不滅といふ。生も一時のくらいなり、死も一時のくらいなり。たとへば冬と春とのごとし。冬の春となるとおもはず、春の夏となるといはぬなり。

人の、さとりをうる、水に月のやどるがごとし。月ぬれず、水やぶれず。ひろくおほきなるひかりにてあれど、尺寸《しゃくすん》の水にやどり、全月も弥天《みてん》も、くさの露にもやどり、一滴の水にもやどる。さとりの、人をやぶらざること、月の、水をうがたざるがごとし。人の、さとりを導礙《がいげ》せざること、滴露の、天月を導礙せざるがごとし。ふかきことは、たかき分量なるべし。時節の長短は、大水・小水を撿点し、天月の広狭を辨取すべし。

身心に、法いまだ参飽《さんぽう》せざるには、法すでにたれりとおぼゆ。法もし身心に充足すれば、ひとかたはたらずとおぼゆるなり。たとへば、船にのりて山なき海中にいでて四方をみるに、ただまろにのみみゆ。さらにことなる相《そう》、みゆることなし。しかあれど、この大海、まろなるにあらず、方《ほう》なるにあらず、のこれる海徳、つくすべからざるなり。宮殿のごとし、瓔珞《ようらく》のごとし。ただわがまなこのおよぶところ、しばらくまろにみゆるのみなり。かれがごとく、万法もまたしかあり。塵中・格外、おほく様子《ようす》を帯せりといへども、参学眼力《がんりき》のおよぶばかりを、見取・会取するなり。万法の家風をきかんには、方円とみゆるよりほかに、のこりの海徳・山徳おほくきわまりなく、よもの世界あることをしるべし。かたはらのみかくのごとくあるにあらず、直下《じきげ》も一滴もしかある、としるべし。

魚《うお》、水を行くに、ゆけども水のきはなく、鳥、そらをとぶに、とぶといへどもそらのきはなし。しかあれども、うを・鳥、いまだむかしよりみづ・そらをはなれず。ただ用大のときは使大なり、要小のときは使小なり。かくのごとくして、頭頭《ずず》に辺際をつくさずといふことなく、処処《しょしょ》に踏飜《とうほん》せずといふことなしといへども、鳥、もしそらをいづれば、たちまちに死す、魚、もし水をいづれば、たちまちに死す。以水為命《いすいいみょう》しりぬべし、以空為命《いくういみょう》しりぬべし。以鳥為命《いちょういみょう》あり、以魚為命《いぎょいみょう》あり。以命為鳥《いみょういちょう》なるべし、以命為魚《いみょういぎょ》なるべし。このほかさらに進歩あるべし。修証あり、その寿者命者《じゅしゃみょうしゃ》あること、かくのごとし。

しかあるを、水をきわめ、そらをきわめてのち、水・そらをゆかんと擬《ぎ》する鳥魚あらんは、水にもそらにも、みちをうべからず、ところをうべからず。このところをうれば、この行李《あんり》したがひて現成公案《げんじょうこうあん》す。このみちをうれば、この行李したがひて現成公案なり。このみち、このところ、大にあらず小にあらず、自にあらず他にあらず、さきよりあるにあらず、いま現ずるにあらざるがゆえに、かくのごとくあるなり。しかあるがごとく、人もし仏道を修証《しゅしょう》するに、得一法通一法《とくいっぽうつういっぽう》なり、遇一行修一行《ぐういちぎょうしゅいちぎょう》なり。これにところあり、みち通達せるによりて、しらるるきはのしるからざるは、このしることの、仏法の究尽《ぐうじん》と同生《どうしょう》し同参するがゆえに、しかあるなり。

得処かならず自己の知見となりて、慮知にしられんずるとならふことなかれ。証究すみやかに現成すといへども、密有かならずしも見成《けんじょう》にあらず。見成《けんじょう》これ何必《かひつ》なり。

麻浴山宝徹《まよくざんほうてつ》禅師、あふぎをつかふちなみに、僧きたりてとふ、「風性《ふうしょう》常住、無処不周なり、なにをもてかさらに和尚あふぎをつかふ」。

師云《いわ》く、「なんぢただ風性常住をしれりとも、いまだところとしていたらずといふことなき道理をしらず」、と。

僧曰《いわ》く、「いかならんかこれ無処不周底の道理」。

ときに、師、あふぎをつかふのみなり。

僧、礼拝す。

仏法の証験、正伝の活路、それかくのごとし。常住なればあふぎをつかふべからず、つかはぬおりも風をきくべきといふは、常住をもしらず、風性をもしらぬなり。風性は常住なるがゆえに、仏家《ぶっけ》の風《ふう》は、大地の黄金なるを現成せしめ、長河の蘇酪《そらく》を参熟せり。

正法眼蔵現成公案第一

これは、天福元年中秋のころ、かきて鎮西の俗弟子楊光秀にあたふ。

建長壬子拾勒。

序　道元禅師の御生涯

この度、皆様とご一緒に『正法眼蔵』を参究させていただく機会を頂戴いたしましたことを、まずもって御礼申し上げます。

初めに道元禅師の御生涯をおおまかに展望しておきたいと思います。

藤原摂関家を捨て比叡山へ

道元禅師は藤原摂関家のご出身で、幼い時から大変優秀で、いずれ摂政関白にと嘱望されていました。しかし、名利を嫌われた道元禅師は、十三歳の時木幡《こはた》の山荘を抜け出し、比叡山に登られます。十四歳にして天台座主《ざす》の公円《こうえん》僧正について得度し、道元という名前を頂戴されました。

当時比叡山は、仏教総合大学のような存在であったわけですが、教育のあり方が、天皇に法を説く人になることを目指す、僧侶としても出世するという方向にあったようです。名利を嫌われた道元様は、まずその段階で比叡山での学びの限界を感じられたのでしょう。

更に、多くの経典が「本来本法性、天然自性身」を説く、つまり〝われわれは初めから仏さんだ〟というんですね。「それでは、もし初めから仏さんなら、何も発心修行することはなかろうに、なぜ発心修行せねばならないのか」という疑問を持つんですね。

それで三井寺（園城寺）に公胤《こういん》僧正を訪ねてお尋ねをします。公胤僧正は「答えられないことはないけれど、あなたの満足する答えにはならないと思う。だから、最近禅を伝えた建仁寺の栄西禅師を訪ねて訊きなさい」とおっしゃる。そこで道元様は栄西禅師を訪ね、栄西禅師から「三世の諸仏有ることを知らず、狸奴白牯《りぬびゃっこ》却って有ることを知る」の一句をいただくわけです。この一句は『従容録《しょうようろく》』では第六十九則「南泉白牯」に出てくる一句ですね。

建仁寺での修行と承久の変

それから道元様十八歳のとき、天台から禅へと衣を替えて建仁寺へ入られました。その時は、栄西様はご遷化されて、明全《みょうぜん》和尚様に代替わりされていたわけです。

道元様二十二歳、建仁寺で修行しているとき、承久の変が起きますね。後鳥羽上皇が北条義時追討の院宣をお出しになり、北条氏と朝廷の戦いの火蓋が切って落とされました。北条政子の率いる十万の軍勢のもと、混成軍の朝廷側は、ほとんど戦わずして斬殺されました。その上、三上皇が遷流されるという、家来が天皇方を流罪にするというような、歴史上かつてなかったことが起きましたね。

後鳥羽上皇側についた武将たちの多くは、道元禅師ゆかりの方々ですから、当時二十二歳の道元禅師は、建仁寺の窓からどんな思いでこの惨状を眺めておられたことかと思います。かねてより入宋して仏法を求めたいと思っておられた道元様は、この承久の変で一層その思いを強められ、二十四歳のとき、師の明全和尚と共に入宋されます。

入宋と如浄禅師との相見

五月、中国寧波《ニンポー》の港に着き、明全和尚はただちに天童山《てんどうさん》へお上りになりますが、道元様は二カ月ほど船の中に滞在しておられます。その間に阿育王山《あいくおうざん》の典座《てんぞ》さんとの出会いがあり、沢山の学びをしておられますね。

そのときの天童山の御住職は無際了派《むさいりょうは》。道元禅師はこの無際了派にはついてゆこうと思われなかったようです。二十五歳の秋、諸山へ尋師訪道の旅に出られます。そして、〝中国広しといえども、師とすべき人はいないのか〟と半ば諦めかけたとき、〝無際了派のあとに天童山に上られた天童如浄禅師に会え〟と言われ、二十六歳の時天童山へ帰られますね。

五月一日、如浄禅師との劇的な出会いがありました。初相見《しょうけん》の最初から、〝諸行無常でいつ死ぬかわからない。疑問が起きたとき、昼夜を分かたず、お部屋にあがって質問することを許してください〟と頼まれます。それに対して如浄禅師は、〝道元さんよ、疑問が起きたときには昼夜を分かたず、お袈裟《けさ》をかけようがかけまいが、支度もどうでもよいから、いつでも来て質問しなされ。あなたの無礼を許すことは、親が我が子の無礼を許すようなものだ〟とまでおっしゃってくださるんですね。初相見からこれほどに心が通うということはすごいことです。

一日二十四時間をどう生きたか、二十年、三十年、五十年の人生をどう生きたか、一つひとつが目に見えない鑿《のみ》となって人格を刻みつづける。見る眼のある人なら一目でそれを見通すというものでしょう。如浄様と道元様の出会いはまさにそれであったと思います。

道元様が尋師訪道の旅から、再び天童山へ帰られたとき、明全和尚は病床に臥しておられたんですね。如浄様との相見のあった同じ五月の二十七日に、四十二歳の若さでお亡くなりになってしまうんです。命がけで法を求めてご一緒に入宋されたお師匠様の明全和尚を、若くして彼の地で送らねばならなかった道元様の悲しみは、どれほどであったかと思います。

おそらく明全様の分までとの思いで、命がけの辦道の末、早くも夏安居《げあんご》のときに如浄様より「身心脱落」の印可証明を受けました。更に修行を続けること二ヶ年、二十八歳の時、如浄禅師より嗣書《ししょ》を相承します。そして、七月に明州を出航。帰国して、九月に建仁寺へ入られます。

そのとき、後に弟子となる中国人の寂円が道元様を慕って港まで追いかけてきて、〝日本へ共に連れて行ってくれ〟と頼むんですね。しかし、そのときすでに如浄様は重病に臥しておられたようで、〝師の如浄様を看取ってから来るように〟と天童山に帰されました。翌年、如浄禅師はお亡くなりになる。人と人との出会いの不思議を思わないではおれませんね。如浄様が天童山へ晋住された翌年、道元様との初相見があり、膝下で二ヶ年の御修行の末、日本へ帰られた翌年、もう遷化されてしまわれたんですから。如浄禅師の天童山での御住職は、わずか四年ほどということになります。道元様がお記しになった、このときの如浄禅師への命がけの求道日記、これが『宝慶記《ほうきょうき》』ですね。

帰国してからの教化

建仁寺に入られてすぐに『普勧坐禅儀《ふかんざぜんぎ》』を撰述されました。三十歳の十一月、日本達磨宗の筆頭的存在であった懐弉《えじょう》様が道元様を訪ねて来られますね。

日本に禅を伝えたのが、一方では建仁寺の栄西禅師、一方では日本達磨宗の大日能忍《だいにちのうにん》でした。その達磨宗の筆頭的存在である懐弉様が道元様を訪ねられ、すっかり傾倒してしまい、弟子入りを申し込まれます。道元様は、〝私が独立して自分の寺を持つようになったら来るように〟と帰されます。

当時、禅は念仏門と並んで新興宗教として、比叡山からの圧迫が続いていました。三十一歳のとき、道元禅師は深草の安養院へ隠棲され、立教開宗の宣言ともいわれる『辦《べん》道話《どうわ》』をお書きになります。それからこの安養院におられるとき、了然尼《りょうねんに》が入門しておられますね。了然尼に与えた法語が伝えられています。

余談ではありますが、道元禅師の一番弟子は中国の寂円。日本に帰られての最初の入門は了然尼ということになります。了然尼の実家には道元様を開山とした開山堂までできている由です。懐弉様は一応三番目の弟子ということになるわけです。

三十四歳のとき、興聖宝林寺をお開きになり、「現成公案」をお説きになります。三十五歳の三月『学道用心集《がくどうようじんしゅう》』を著されました。この年の終わりに、ついに懐弉様が入門され、懐弉様の道元様への求道日記であるところの『正法眼蔵随聞記《しょうぼうげんぞうずいもんき》』の筆録が始まるんですね。懐弉様は道元様より三歳年上で、しかも道元様遷化の後二十年生きられ、道元様のものを徹底的にまとめて残してくださった。ありがたいことでした。

道元様と親鸞様

道元様三十六歳のとき、親鸞聖人が関東から京都へ還られました。ご存知のように親鸞聖人は念仏弾圧のために越後へ流されますね。越後は三年で、後関東へ。関東での教化が長かったですが、晩年京都へお帰りになられました。

親鸞様の年譜と道元様の年譜を重ねてみたのですが、道元様の三十六歳のとき、親鸞様が京都に戻られているのですね。道元様が四十四歳で入越されるまでの八年ほどの間同じ京都におられたことになります。

『正法眼蔵』「生死」の巻は、一説に親鸞様に与えられたものとされています。東京・

台東区の上野公園の近くに、報恩寺という浄土真宗のお寺がございます。親鸞聖人の一番弟子が開いた寺とされております。坂東性純師という方が御住職をしておられ、鈴木大拙氏等と共に海外向けの布教の本を編集されるなど、大変活躍された方です。NHK「宗教の時間」での対談を読ませていただいたのですが、この法恩寺には阿弥陀様と並んで親鸞様の銅像があり、手に道元様からいただいた払子《ほっす》を持っておられるということです。「生死」の巻と一緒に、一つの証として払子を渡されたと、坂東性純師がはっきりおっしゃっているんですね。

さらに坂東性純師は〝親鸞様は道元様のお葬式にも立ちあっていると思う〟とおっしゃっておられますが、葬式は永平寺で行われているわけですから、京都での荼毘《だび》に参列されたということはあろうかと思います。いずれにしても親鸞様は道元様より二十歳年上で、二十年後まで長生きされましたからね。

興聖寺での上堂

三十七歳の十月、興聖寺で初めて上堂されます。有名な「眼横鼻直」「空手還郷」の上堂です。

山僧叢林を歴ること多からず。只、是れ、等閑に、天童先師に見えて、当下に眼横鼻直なることを認得して人に瞞ぜられず。便乃、空手にして郷に還る。所以に一毫も仏法なし。（祖山本）

要するに、眼は横に鼻は直に、朝朝日は東より出で、夜夜月は西に沈む。天地の姿が仏法なのであって、特別なものは何もない。だから空手で還ってきた、というのです。

四十二歳のとき、多武峯《とうのみね》の日本達磨宗の方々、懐鑑《えかん》、義介《ぎかい》、義尹《ぎいん》などが一挙に道元様のもとへ入門されます。後に永平寺の三代相論のもとにもなったわけですが。

四十四歳のとき、興聖寺の一部が比叡山の山徒によって破却されるという事件が起きました。藤原定家郷が『明月記《めいげつき》』の中で、「仏法房のこと」としてこのことを記しているんですね。

道元禅師は幼くしてご両親を亡くされ、腹違いのお兄様に当たられる藤原通資《みちとも》郷が、親代わりのお世話をされたようですね。『永平広録』では育父と呼んで上堂もしておられます。先日系譜を調べて気づいたことは、通資《みちとも》郷の奥方は藤原俊成郷の娘なんですね。要するに定家郷のお姉さんが通資《みちとも》郷の妻となっているということは、道元様とは義兄弟にあたることになるわけですから、定家郷が道元様にご関心を持たれるのは当たり前と思ったことです。通資《みちとも》郷も一流の歌人であったようですが、この通資《みちとも》郷の屋敷跡が、今、京都の観光ホテルになり、道元様の歌碑がたっているはずです。

釈尊正伝の仏法への誓願

ここで少し申し上げておきたいことがございます。定家郷が道元様のことを「仏法房」と呼んでおられますように、道元様は「禅」という言葉も嫌われた。まして「曹洞宗」というようなことはお考えにもなっておられなかったでしょう。セクトではない。どこまでも釈尊の仏法を、という信念を貫かれました。

もう一つ、道元様のあり方で心にとめておきたいことがございます。正像末の見方ですね。一般的には、お釈迦様が入滅されてから、五百年が正法《しょうぼう》の時代、次の千年が像《ぞう》法《ぼう》、千五百年以降が末法《まっぽう》と、時間を横に区切ります。釈尊滅後、千五百年が日本の平安末期から鎌倉期にかかり、鎌倉仏教は末法観から生まれたといえるでしょう。

一方、道元禅師の正像末の見方は縦割なんですね。釈尊時代にも末法の人間もいる。一千年後であろうと、真剣に行ずるところに正法は現前する、という信念を貫かれました。

釈尊の入滅を聞いて、「やれやれ、これでうるさいおやじがいなくなって楽になった」と言った弟子がいました。それを聞いた摩《ま》訶《か》迦葉《かしょう》様は、非常に悲しく思われ、釈尊の教えが廃れぬよう第一結集を思い立ったきっかけとなったと伝えられています。これなどは釈尊在世中であろうと、末法の人間もいたという実例でしょう。

道元禅師はどこまでも「此処是道場《このところこれどうじょう》」で、真剣に行ずる処、そこが霊鷲山《りょうじゅせん》となり、正法現前である、という姿勢を貫かれました。

永平寺という寺号にも道元様の御心がしのばれます。中国に仏法が伝えられたのが永平年間。西暦五十年ごろですね。達磨大師が禅を中国へ伝えられたのは西暦五百年ごろですからね。その永平をとって、永平寺と命名された。〝今、ここに生きる真の仏法を伝えたのは自分である〟との信念を貫かれたと思います。

入越と鎌倉行化

四十四歳のとき、興聖寺が破却されました。そこで、道元様をずっと外護してきた大檀越の波多野義重公が、自分の領地でもある越後の地を提供し、入越を勧められます。道元様は師の如浄禅師の「深山幽谷に処して一個半個を接得せよ」との遺誡《ゆいかい》もあり、また如浄禅師のご出身が中国の越であることから、「越と聞くだけでもうれしい」とおっしゃって入越されますね。まずは吉峰山にしばらく掛錫《かしゃく》され、四十五歳のとき、志比庄に大仏寺をお開きになる。この大仏寺が後に永平寺と改められましたのは、先ほど述べた理由の通りです。

四十八歳のとき、時の執権・北条時頼の招きを断り切れずに、半年間、鎌倉行化をされます。波多野義重公が間に入り、たっての願いをお断りしきれなかったんでしょうね。時頼は深く道元様に帰依し、建長寺を建立して開山になっていただこうと願われるんですが、道元様は断って永平寺へ帰ってしまわれました。やむを得ず時頼は、帰化僧の蘭渓道隆《らんけいどうりゅう》を招いて建長寺の開山にしておりますね。この蘭渓道隆と道元様の間には往復書簡が残されています。

この北条時頼は出家をして最明寺《さいみょうじ》入道となり、諸国遍歴をされたと伝えられております。能に出てまいります「鉢の木」、佐野源左衛門常世の物語がそれですね。

京都での御遷化

五十三歳の夏ごろから体調をくずされ、五十四歳の一月、「八大人覚《はちだいにんかく》」をお説きになり、これが道元様最期の御説法となります。

ご存知のように釈尊の最後の教えであるところの『遺教経《ゆいきょうぎょう》』の後半が「八大人覚」ですね。道元様はこの「八大人覚」の本文を引用しながら簡単なご説示を添えられ、再び筆をおとりにならなかった。道元様最期のご説示になったわけです。懐弉様は声をあげて泣かれたと記されております。

その年の八月、波多野義重公を初め、京都在住の信者方の、〝都の名医に診ていただいて、何としても快復してほしい〟とのたっての願いを受け入れられ、上洛されますが、わずか十日前後で、俗弟子覚念の屋敷でお亡くなりになってしまいます。静養しておられた部屋の床の間の柱に、『法華経』神力品の次の一節をお書きになって。


若しは園中に於いても、若しは林中に於いても、若しは樹下に於いても、若しは僧房に於いても若しは白衣の舎にても、若しは殿堂に在っても、若しは山谷曠野にても、是の中に、皆応に塔を起てて供養すべし。所以は何《いか》ん。当に知るべし。是の処は即ち是れ道場なり。諸仏此に於いて阿耨多羅三藐三菩提を得、諸仏此に於いて法輪を転じ、諸仏此に於いて般涅槃したもう。

道元様は白衣の舎、俗弟子覚念の家で最期をお迎えにならねばなりませんでした。しかし、どこまでも「是の処は即ち是れ道場なり」のお気持ちだったのでしょうね。一日二十四時間、いつどこにあっても、「今、ここ」の姿勢で取り組む、これが道元様の修行観ですからね。

道元様が最期、京都でお亡くなりになったことをとりあげ、ある人が「生涯、永平寺を離れないとおっしゃった道元様が、なぜ京都へなど行かれたか」と質問されたのに対して、道元様に私淑しておられる元最高裁判所長官の石田和外氏が、「浜までは海女も蓑着る時雨かな」の句をもって答えられたと聞いております。この句は江戸時代、千船を何艘も持っていたという瓢水《ひょうすい》の句ですね。風流に身を寄せて財産をみな失くし、「蔵売って陽当たりのよき牡丹かな」などと詠じられるほどに名利を離れた人で、ついに坊さんになるんですね。執着を離れた、そういう境涯を慕って、一人の雲水が訪ねて行きます。たまたま風邪をひいたというので、風邪薬を買いに行って留守でした。「何だ、命が惜しいのか」といって雲水は帰ってしまいました。この雲水に贈ったといわれるものがこの句ですね。

海に入って濡れなければならない体ではありますが、無駄には濡らさない、というのですね。

道元様は「不惜身命《ふしゃくしんみょう》」と「惜身命」の両方を説いておられますね。わがままな自我のための「惜身命」ではなくて、この命あって仏法の修行ができ、また人々に伝えることが出来る。仏法のために不惜身命でなければならないが、この命あってこそ初めてできるのであるから、この命を惜しめというのが、「惜身命」ですね。

道元様のご一生をざっと展望してみたわけですが、この道元様が三十四歳で興聖寺をお開きになり、初めてお説きになられたのが、この「現成公案」の巻ですね。

一　「現成公案」解題

まずは解題から入りましょう。

「現成公案」の「公案」は、元をたどれば「公府の案牘《あんとく》」、つまりお上のお達しという意味になります。

これを道元禅師のお言葉に置き換えるならば、「悉有仏性《しつつぶっしょう》」となりましょう。大いなる天地悠久のお働き、遺伝子の世界的権威である村上和雄先生のお言葉を借りれば、「サムシング・グレート」。〝お釈迦様はこの天地悠久のお働きに、直感で気づかれたのであろう〟と仰っておられますね。その大いなる働きが具体的な森羅万象として現成する。これが公案現成です。

この「悉有仏性」の見方にも二種類あって、一つは「悉く仏性有り」という見方です。

すべてのものは仏性を持っている、あるいは仏になる可能性がある、という見方。例えば、『従容録』に出てくる「狗子仏性《くしぶっしょう》」の話。犬が仏性を持っているとか、いないとかいう見方ですね。一つの存在の中に仏性と仏性でないもの、尊いものと尊くないものが混在している。そういう見方です。

道元禅師はそういう見方はされず、「悉有は仏性なり」とまっすぐにお読みになる。「悉有」の「有」は「有り、無し」ではなくて、「存在そのもの」。「一切の存在は仏性のなれるものなり」と読む。犬の中に仏性が混在しているのではなく、犬全体が仏性なのである、という見方ですね。

わかりやすくするために、私はよく春の働きと、その働きを受けて咲く梅や桜やすみれに譬えてお話をいたします。春そのものは具体的姿を持っておりませんから、時間的には永遠に、空間的には無限のもので、描くこともできません。春の働きをいただいて、梅や桜が咲くという具体的姿として現成すると、絵に描くこともできる。具体的な姿を持つと、時間的にも空間的にも限界がある。咲いてやがて散るという、または生死という限界がある。春という、仏性という働きの側から見たら、普遍的なものであるから生死もない。

この悉有と仏性のかかわりを、春と梅に譬えて示されたのが『正法眼蔵』「梅花」の巻と言えましょう。「梅開早春（梅早春を開く）」または「老梅忽ち開花す」などの如浄禅師のお言葉は、仏性が悉有として現成する様を、春と梅に譬えてのお示しと頂いてよいと思います。梅花流の流名もここから取ったことは改めて云うまでもありませんでしょう。

仏性と悉有のかかわりを水と波に譬えて白隠《はくいん》禅師は説いておられますが、私はよく、まど・みちおさんの「水はうたいます」の詩を引用して説明しております。

水は　うたいます
川を　はしりながら
海になる日の　びょうびょうを
海だった日の　びょうびょうを
雲になる日の　ゆうゆうを

雲だった日の　ゆうゆうを
…中略…
雪や氷になる日の　こんこんこんを
雪や氷だった日の　こんこんこんこんを
水は　うたいます
川を　はしりながら
川であるいまの　どんどこを
水である自分の　えいえんを

一つの水が川とか海とか雨という液体の姿をとるとき、雲や虹のような気体の姿をとるとき、雪や氷のような固体の姿をとるときと、縁に従っていろいろな姿に変化してゆく。雲とか雪とかいう具体的姿をとると、生まれる日があり、刻々と変化し、やがて消えてゆく日がおとずれる。初めがあり終わりがあるけれど、なくなったわけではなく、水からいただいて水に帰っただけ。

縁に従って、永遠の仏性の命を、私という姿でいただき、何十年。縁によってこの世を去る。無くなってしまったのではなく、永遠の仏の命に帰っただけ。それで亡くなった方の戒名《かいみょう》の上に「新帰元《しんきげん》」と書く。

『般若心経』でいったら「仏性」を「空」、「悉有」を「色」という言葉で表現しているといったらよいでしょう。

生かされているわが命

もう一つ申し上げておきたいことがあります。仏性の働き、天地いっぱい総力をあげてのお働きをいただいて、一輪のすみれも咲き、犬や猫も命をいただき、わたしたち人間もこうしてしゃべったり書いたりすることができる。命の重さにおいては、草木も動物も人間も、絶対平等と仏教では説きます。道元禅師が『典座教訓《てんぞきょうくん》』の中で、一粒のお米、一滴の水もわが命と思って大切にせよと仰せられているのもそれですね。

キリスト教では「創造の神」と「作られたる万物」とがまず二元であり、「作られたる万物」にも序列があって、万物の霊長として人間が創られ、その下にその他の万物をおくという形をとっておりますね。

仏教の場合、仏性の悉有として命の重さにおいては全く平等ですが、授かりの働きが違う。天地総力をあげてのお働き、仏性の働きをいただいて、しゃべること、聞くこと、書くこと、眠ること、呼吸することもできるんだということを、自覚する働きをいただいているのは人間だけなんだ、というんですね。草木や犬猫たちは、咲いたり走ったりすることができても、その働きが天地いっぱいからの授かりだと気づくことはできませんでしょう。天地総力をあげてのお働きを一身にいただき、それを自覚する働きをいただいた人間として生まれてくることができた幸せを思わないではおれません。

しかし自覚する働きをいただいた人間として生まれてきても、それを説いて下さる教えや人に出会わないと、その命を無駄にしてしまう。世界中の人々が、いまもロシアやウクライナをはじめ、あちこちで限りない殺し合いをしている。また自分の命も他人の命も軽んじた生き方しかできない。残念ですね。

さらには、幸いにその教えに会い、その教えを説く師に出会うことができても、「切

に求める」というアンテナが立っていなければ、聞こえてもこないし、出会いも成立しない。そういうものなのですね。

三帰依文にある、「人身受けがたし、今すでに受く。仏法聞きがたし、今すでに聞く。この身今生において度せずんば、更にいずれの生においてか、この身を度せん」。この思いが、心の底からあふれ出て、その命にふさわしい今ここの生き方をせねば、と切に思うことです。

悉有と仏性

諸法の仏法なる時節、すなはち迷悟《めいご》あり、修行《しゅぎょう》あり、生《しょう》あり、死《し》あり、諸《しょ》仏《ぶつ》あり、衆生《しゅじょう》あり。

万法《まんぽう》ともにわれにあらざる時節、まどひなく、さとりなく、諸仏なく、衆生なく、生《しょう》なく、滅なし。

仏道もとより豊倹《ほうけん》より跳出せるゆえに、生滅《しょうめつ》あり、迷悟あり、生仏《しょうぶつ》あり。

しかもかくのごとくなりといへども、花は愛惜《あいじゃく》にちり、草は棄嫌《きけん》におふるのみなり。

自己をはこびて万法を修証《しゅしょう》するを迷《まよい》とす、万法すすみて自己を修証するはさとりなり。

迷《めい》を大悟するは諸仏なり、悟《ご》に大迷なるは衆生なり。さらに悟上に得悟する漢あり、迷中又迷《うめい》の漢あり。

最初の第一段落は、「諸法の仏法なる時節」です。「諸法」を具体的姿を持った存在の方、「悉有」の方から光を当てたものが第一段階。「現成公案」でいったら、「現成」のほうから見たときです。

第二段階の方は、「万法ともにわれにあらざる時節」。要するに、具体的な姿を持たない「仏性」という角度から光を当てるのが第二番目です。

第三段目が、実際の現実です。実際、現実には「悉有」「仏性」の二つがあるわけじゃない。一つのものを「悉有」の角度から見る、「仏性」の角度から見るというように、見方が違うだけです。現実は具体的姿を持ったものが目の前にはあるわけですから。その現実はいったいどうなっているのか、具体的な姿は一つの活動体としてあるだけだと。これが三番目ですね。

「法」の三つの意味

第一段落でまず、「諸法」という言葉が出てきました。「法に三義あり」。一つ目は、「存在そのもの」。二つ目は、「真理」、「道理」。それから三つ目が「規範」。それによってどう生きるか、ということです。ですから、「法」という文字が出てきたときは、ここではこの三義のうちどの意味を使うのかな、と検討します。「諸法」とか、「万法」といった場合は、全ての具体的な存在そのものという、一つ目の意味ですね。花という存在、人間という存在。あらゆる具体的姿を持った存在そのもの。これが「法」の第一義です。

第二に、具体的なものを見ておりますと、いろんな姿があります。たとえば花を見ている。咲くときがある。散るときがある。実るときがある。人間を見ていましても、生まれるときがある。成長して歳をとり、病み、死ぬと、いうように、具体的姿のものをじっと見つめていると、そこに一つの道理が見えてくる。真理が見えてくる。それが第二義です。

そしてどうなっているかがわかれば、それに準じた生き方をしましょうと、具体的な生きざまの規範が出てくる。これが第三義です。

仏法、仏教、仏道

ついでに申し上げておきます。今、読んできました中に、「仏法」という言葉と、「仏道」という言葉が出てきました。その間に「仏教」という言葉が入ります。「仏法」、「仏教」、「仏道」。「現成公案」では、「諸法の仏法なる時節」と、まず、「仏法」が出る。つぎに「仏道」と出る。お釈迦様や道元様が、「仏法」、「仏教」、「仏道」と呼びかえておられる意味を考えてみましょう。

まず、「法」という文字「さんずい」に「去る」と書きます。水が流れ去る姿。漢字はよくできています。少なくとも、引力のある地上にあっては、水は高きから低きに流れる。これは、洋の東西を超え、時の古今を超えて変わらない。何千年前であろうと、何千年のちであろうと、ヨーロッパであろうと、日本であろうと、時とところを超えて変わらぬものを「真理」と呼ぶ。その「真理」を「法」という。水が流れ去るという文字を使う。なかなかよくできています。

この「法」という文字はインドではダルマ、訳して真理。「仏法」の「法」はこれですよ。

そして、「仏」にもいろいろな意味がありますが、「仏法」の「仏」は「仏陀《ぶっだ》」。天地宇宙の真理に目覚めた人、覚者と訳します。仏陀が見つけ出した天地宇宙の真理そのもの、これが「仏法」なんだということなんですね。

先に申しました、村上和雄先生が、天地宇宙の真理、大いなる働き、「サムシング・グレート」といわれたのはそれです。それをお釈迦様は二千五百年前、明らかな修行の眼で直感的につかまれたんだろう、と。

あるいは、増谷文雄先生が、「古道の発見」という云い方をされております。ちょうど私が大学にいるころ、この増谷文雄先生においでいただいたことがあります。「古道の発見者」。「古」という文字は十に口と書く。十代口伝で相続されたもの、少なくとも五、六百年、相続されたものを「古」ということは、真理ということです。だから、「古道の発見者」というのは、「真理の発見者」という意味です。

この天地宇宙の真理、古道を発見した人。これを「古人」と呼んだり、「古聖」と呼んだり、その教えを「古教」と呼んだりしますね。この前の道元様のご遠忌《おんき》が「慕古」というテーマでしたが、この「古」という意味は永遠の真理を意味する。道元様は、「稽《けい》古の人よ」と我われのことを呼びかけてくださっています。「稽古の人」とは、「稽首《しゅ》」すなわち頭を地にたたきつけて、この「古道」を求めようとする人のことです。

今日、「稽古」の意味が非常に手軽なものになって、お茶やお花の稽古とか、剣道の稽古とか、手軽に使われておりますが、本来の稽古とは、頭を地にたたきつけて、「古道」天地宇宙の真理を求めよう、ということです。そういう人のことを「稽古の人」と呼ばれた、そのことを忘れたくないですね。ですから、何か「稽古」するときも、それを通してその道まで、一番の行きつくところまで導く。そうでなければ「稽古」とは言えない、ということを心にとどめておきたいと思うんです。

いずれにしましても、天地宇宙の真理を明らかな修行の眼で見つけ出した、それが仏法です。そしてお釈迦様が、人の言葉を借りてお説きくださいました。「天地宇宙はこうなっている。その中で人の命もこのように生かされている。だから、生かされているその姿にふさわしい、今ここの生き方をしましょうじゃないか。天地総力をあげてのお働きをいただいて、私はこうしてしゃべることができる。皆さんも聞くことができる。一つひとつの行いの背景に、天地総力をあげてのお働きをいただいているんだよ。それにふさわしい、今ここの生き方をしようじゃないか。わがままな自我を先とせずに、生かされている命にふさわしい、今ここの生き方をしましょうじゃないか」、と。それが教えになる。それが「仏教」なんです。

一番もとは、天地宇宙の姿です。それを明らかな修行の眼で見つけ出した。こうなっているんだ、だからこう生きていこうじゃないか。どうなっているかがわかれば、どうあるべきかがわかる。何気なくやっていることの、全ての背景に、天地総力をあげてのお働きをいただいているんだな、と。そのことがわかれば、それにふさわしい、今ここの生き方をしましょうじゃないか、というかたちに、自ずからなる。それを人の言葉を借りてお説きくださった。それが「仏教」となる。それを文字に託したものが経典ですね。

それが今ここでの実践道だから「仏道」となる。それをですよ、文字や経典を学んでいるだけで酔っぱらって、今ここでの実践に移ってこない。それを「戯論《けろん》」と呼ぶ。

これを音楽にたとえれば、最初の天地宇宙の真理に目覚めたお釈迦様、道元様、祖師方は作曲家といえます。

〝天地宇宙はこうなっているんだ。そのなかで、草木も人間もこのように生かされているんだ。だから、こう生きていきましょうじゃないか。〟と、教えを説かれた。この教えを楽譜にたとえます。あるいは「指月」。月を指す指にたとえます。勉強もしなきゃ、だめなんですよ。間違っちゃいけませんからね。間違ったものを見て、お月様だと思っちゃいけない。間違った演奏をしてはいけないから、楽譜の学びも大事です。「仏道」は、生演奏。音楽にたとえたらそういうことになります。ここで、勉強もしないと、間違った演奏をしては困ります。

澤木興道老師が若いころ、駒澤大学の前身の「梅檀林《せんだんりん》」で、学監か何かをやっておられた笛岡凌雲老師に言われたっていうんですね。「基本的な仏教学の勉強をしっかりしない者の坐禅や実践は危ないぞ。たとえば秤を持たない商いのようなものだ。間違った実践をしていても気が付かないから。」と。それで澤木老師は、佐伯定胤僧正がおられた法隆寺の勧学院にて、「唯識」や『倶舎論《くしゃろん》』等、基本的な仏教の勉強に専心されました。

笛岡老師が、「基礎的な仏教学の裏打ちのない実践は、秤を持たない商いのようなものので危険だ」とおっしゃるように、やっぱり基礎的な仏教の勉強はしっかりしなきゃならん。しかし、勉強しているだけで実践にうつさないと、これを道元様も、それからお釈迦様も、八大人覚のなかで「戯論」「遊び」とおっしゃった。文字、学問の勉強にとどまって、今ここでの毎日の生活に生きてこない。それを「戯論」という。要するに、生演奏がないものを「戯論」というのです。

私が大学生のころ、仏教学部の先生も学部の雰囲気も面白くなくてね。若いというのは生意気なもんです。もちろん、本気で求めている学生もたくさんいましたけれども、多くの学生の姿も生ぬるいし、先生方の講義もあんまり面白くない。澤木老師に言わせると、「ことづけ仏法」。お釈迦様はこうおっしゃったとさ、道元様はこうおっしゃったとさ。私は、「先生ご自身はどうなんです？」と質問したかった。ご自分のこととしてではなくて、いわゆる「ことづけ」にとどまって、面白くない。生意気なもんです、その頃は。

もともと文学が好きということもあり、大学院は文学に逸《そ》れました。面白いものでして、文学部の雰囲気は非常に良かったけれども、移ってみて、〝しまった、間違っていた〟と気づきました。今の学部がどうであろうと、今の仏教界がどうであろうと、仏教そのものの素晴らしさに変わりはない。そんなものは見ないで、まっすぐお釈迦様を見つめればいいんだ、仏法そのものに変わりはないんだ、と、気づきました。それでまた、行ったり来たりしていたから、長いこと大学でうろうろしておりました。

いま、ここでの生演奏

余談で恐縮ですが、瀬戸内寂聴さんと対談したことがあります。『女性自身』という週刊誌に二年連載をして、その最後に瀬戸内さんと対談をしました。瀬戸内さんは頭を剃ってまだ五、六年目。私はそのとき、頭を剃って四十年か五十年。

今の仏教界に対する批判の点では大いに意見が合いました。それで私が、今の仏教界のあり方に対して、坊さんのあり方に対して、あるいは駒澤大学に対して不満を持って、大学院はこういう風に文学部に移った。移った途端に、〃しまった、間違っていた〃と気づいた、と話したんです。言ったとたんに、瀬戸内さんが「なぜ、間違っていましたか」と訊かれた。瀬戸内さんは私と正反対で、文学の世界に長くいて、ちょっとだけ仏教へ入ったところでした。それでも入ったけれど、「なぜ間違っていましたか」という質問が出るということは、まだわかっていない証拠ですね。私は自信を持って、「いや、文学は遊びです。救いは宗教しかありません」と答えました。

そのときに、〝あ、外へ出てみるのも良かったな〟と思ったんです。仏教学部を一度、反発して外へ出てみて、気づかせていただくことができた。あの美しい富士山も、遠く離れてみないとその姿がわからないように。

瀬戸内さんがそのとき、非常に深く、「うん」とこう、頷きました。わかってくれたと思うんです。「いくら文学の世界が真摯であっても、文学はどういったって遊びです。救いは宗教しかありません。」そう、確信を持って答えたのを覚えています。

道元様は、「文字だけに遊んではいけない」とおっしゃりながら、あまりにもたくさん書き残してくださいました。『正法眼蔵』九十五巻をはじめ、『永平広録』『大清規』など。だから曹洞宗の後裔は、道元様が残してくださったものを追いかけるのに忙しくて、というのが現実です。私もおかげさまで九十歳ですが、この歳まで道元様のものを拝見していましても、まだ何分の一しか拝読できておりません。

しかしながら、それは、どこまでも楽譜であって、今ここでの生演奏こそが大事だ、ということを、お互いに心にとどめておきたいと思います。生演奏なしの、「立見席の仏法」、「ことづけ仏法」ではないようにありたい。こう願うことです。

諸法の仏法なる時節――「あり、あり、あり」

元に戻ります。「諸法の仏法なる時節」。ただいま申しましたように、「仏性」を、「悉有」という具体的姿を持っている方から見たとき、ということですね。「諸法」という、姿を持っている方から光を当ててみると、「すなはち迷悟あり、修行あり、生あり、死あり、諸仏あり、衆生あり」。要するに、この地上の全部の具体的姿を持った角度から見たら、「あり、あり、あり、あり」ですね。

『参同契《さんどうかい》』に「明」と「暗」という言葉が出てきますでしょう。「明中に暗」とか、「暗中に明」とか。「明」は昼にたとえる。「暗」は夜にたとえる。こういう譬えは、語録ではしょっちゅう出てまいります。

「悉有」の側から光を当てる。昼間は明々歴々として一切の存在の違いが皆見える。それで「あり、あり、あり」ですね。それに対して、「仏性」の側、「公案現成」の「公案」の方から見てみると、全部平等で、差別がない。真っ暗で区別のつかない夜にたと

える。私たちは朝課で『参同契』を読みますね。「参」というほうは、「現成公案」でいったら「現成」、具体的姿を持った「悉有」のほう。「同」は「現成公案」でいったら「公案」で、「仏性」のほう。『参同契』には、この明暗という言葉が出てきますね。「明暗おのおの相対して比するに前後の歩みのごとし」と。「明」は明々歴々と、具体的な姿として現成している。これが『参同契』の「参」つまり「悉有」です。一方、「暗」は真っ暗闇で見えない区別なしの世界、絶対平等の世界です。これが『参同契』の「同」であり、「仏性」であり、「公案」です。そして、「契」とは、この二つがぴたっと一つになっている姿です。

不易と流行

もう一つ申し上げておきますが、松尾芭蕉が「不易」と「流行」という言葉を使っている。この「不易」は変わってはならない一点のことです。「流行」は、時と場合によって無限の展開をしていく面です。私はよく車にたとえて、変わってはならん「不易」

の一点を車軸に、時とところによって無限に対応していっていい「流行」を車輪にたとえております。この両方があって車が走るわけです。

たとえば、この一点を変えたら仏法ではなくなるという。これは洋の東西を超え、時の古今を超えて変わってはならないという一点。これは、中国に来ようが、日本に来ようが、欧米に行こうが、何千年後であろうが、この一点は変えてはならん。要するに真理の一点、これが「不易」です。

それに対して具体的には、インドに始まった仏教が、中国的展開、日本的展開をとげ、今、欧米にどんどん伝わっております。ヨーロッパ的展開、アメリカ的展開をして。その時とところに応じて、応用して展開していく面が「流行」です。

その「不易」と「流行」。この「流行」の面で、たとえば具体的に言ってみれば、インドでは食事は手で食べますね。中国や日本では箸で食べる。欧米に行ったらナイフやフォークで食べる。インドの仏法が中国的展開をするにあたって、応量器《おうりょうき》での食事も、手から箸に変わります。簡単に言えばそのような、そのとき、そのときに無限の対応をしていい、それが「流行」の面です。

たとえば、私は今、こういうふうにお袈裟をかけています。これは永平寺流ですね。

（かけ方を替えて）總持寺に行くと、こういう格好でかけますね。それからもう一つ、如法衣があります。如法衣もまた、かけ方が違いますよね。

師家養成所が出発した最初の頃は、三カ月同じ場所で、皆、詰めて行いました。その最初の責任者が、余語翠巌老師でしたね。老師がその三か月をやってからここへ来られて、こうおっしゃった。「あんたさんな、お袈裟のかけ方も三色ある。永平寺流、總持寺流、それから如法衣。経行もさまざま。応量器の展鉢もさまざま。〝みんな、勝手にせい〟と言っていることだ」。余語老師は大らかな方だから、そうおっしゃったことを思い出します。

それは「流行」の面です。ですから、命がけになることはない。柔軟に対応していけばいい。

仏法が中国に伝わるとき、中国の老荘思想の言葉を借りながら、老荘思想にさらに深く影響を与えながら伝わった。それが、中国的展開なんですね。ですから、今も申したように、中国仏教の言葉の中には老荘思想の言葉が非常に使われている。今の『参同契』の中の言葉なども相当に老荘思想ですし、『従容録』などは、荘子の話がいっぱい出てくる。それを取り込んで中国的展開をしたわけです。

日本に来ると、「先祖供養」を大事にするという日本のあり方を一つの方便として取り込んだ。これは結構だけれども、皆さん、よく心得てくださいよ。お釈迦様は「葬式、法事はせんでもよろしい」というのが遺言だったんですから。お釈迦様が亡くなるときに、阿難《あなん》様が「お釈迦様のような立派な方のお葬式をどういうふうにしたらいいか」とお尋ねになったら、「葬式は在家に任せなさい」、と。「お前たちのやるべきことは、法を学び、法を身につけ、法を伝えることなんだ。それをもって報恩とせよ」とお答えになりました。

「やらんでもいい」とおっしゃったことを、日本の今の仏教界はしています。日本的展開として、結構だけれども。いいですか。千手観音の、せめて百本くらいにとどめれば宜しいけれど。千手観音は相手に応じて無限の対応をする姿だけれど、その千手のなかの九百本までが先祖供養では、ちょっと考えなきゃならん。しかもですよ。それが職業になったら仏法じゃない。宗教じゃない。そこのところを皆さん、よく心にとめてください。

また話が変わりますが、私は總持寺で何度か説戒師を勤めさせていただきました。小《しょう》参《さん》も受けました。そのとき、一人の雲水の質問に、「宗教は職業ではない」と答えたらしいんです。

佐賀県曹洞宗青年会はさまざまに活躍していますね。その佐賀県曹洞宗青年会が、少し前ですが、三会場で御授戒をして、その御授戒の戒師に招かれて行ったんです。それで三会場目、御授戒の最後に、小参がありますでしょう。そのときに、そこの会場の住職が小参に立たれましてね、「何年か前、僧堂で安居しているとき、小参で青山老師より『宗教は職業ではない』という一言を頂戴して、今日まで心において生きてまいりました」。そう言ってくれまして。ああ、聞く耳を持ってくれている青年がいたな、と、嬉しかったことを覚えております。

宗教は、たった一度の人生の今ここをどう生きるか、その生きざまであって、それを職業としたら宗教ではない。ここのところを皆さんも、よくよく心にとめてください。

それと、先祖供養が悪いわけではない。私も立場上、葬式にはまいります。しかし、必ずそこでしっかり会葬者に説教をする。そして、〝本当のご供養とは、先に逝った方が喜んでくださるような生き方をすることなのだ〟と伝えます。その最高の生き方が書いてあるのがお経なのだ、と。お経は、自分のことを棚に上げて、向こうを向いて読むものではなく、自分自身の今ここの生き方の、足元に向かって読むものなのだ、と。そして、よりよい生き方を回《めぐ》らして、亡き人への供養とするものなのだ、と。そういうことを、必ず葬式のとき、言うことにしております。

「不易」と「流行」をふまえて、仏教の日本的展開は結構です。けれども、「仏法というのは、たった一度の命の今を最高に生きる、悔いなく生きる生き方を説いているものなんだ」、ということを。「それを自分も、今ここで、いかに実践するか、そして、それを人々にいかに伝えるか。それが、お坊さんの使命なんだ」ということを。どうぞして、心にとどめておいていただきたいと思うんです。

本来の面目

それから、皆さんもよくご存知の道元様のお歌で、

春は花　夏ほととぎす　秋は月
　　冬雪さえて　冷《すず》しかりけり

というのがありますね。

このお歌は、「本来の面目」という題でしたね。川端康成が、ノーベル文学賞をもらったとき、ストックホルムでの記念講演の冒頭にこの歌をもってきたので、世界的に有名になった歌です。

いいですか、「本来の」というのは、今言う「仏性」です。「面目」は姿・形。「面目を一新して」とか、「面目丸つぶれ」などといいますが、姿・形で、「悉有」のほうです。

「仏性」の姿・形が、春は花であり、夏はほととぎすであり、秋は月であり、ということなんだという。要するに、具体的な姿を持った方から詠んだものですね。

道元様は、大自然の姿で美しく説いてくださっていますけれど、人生でいったら、萌え出づる夢多き若き日もある。壮年の日もある。紅葉し、落葉していく日もある。雪の荒野にじっとたたずまなきゃならん老いの日もある。今の私がそんなもんですね。もう九十歳にもなってたくさん病気をすれば、雪の荒野にたたずんでいるといってもいいと思う。

人生にたとえれば生老病死、それが本来の仏性の姿だという。仏性の姿は特別なものじゃないわけだ。我々のこういう姿が、愛する日あり、憎しみに変わる日あり、損する日あり、得する日あり、いろいろある。そのいろいろあることのすべてが、仏性の姿なんだ、本来の面目なんだ、と。そういうことですよ。道元様は大変美しく詠んでいてくださるけれど、他ならぬいろんなことがあること、それがそのままに、仏性の姿なんだということなんですね。

余語老師が、御授戒の戒師に行かれるときに、よく説教師としてお供したことがあります。御授戒の戒弟は、わりに年齢の高い人が多い。その戒弟に対して老師が、「みんな、死にたくない、死にたくない、というけれど、みんな生きていたら困るじゃろうが。死ぬからいいんじゃ」。そうおっしゃったことを覚えております。たしかに、みんな生きていたら困りますのでね。

私も、脳梗塞を起こしたとき、書くこと、しゃべること、歩くことが神業に見えましたね。杖をついて病院の廊下に出ると、お医者さんとか、看護師さんとか、配膳係の職員さんとかが走り回っている。その中を、私がよちよちとこう歩いている。車椅子に乗せてもらっている者、ベッドに乗せてもらっている者、いろんな姿がある。いいですね、病院は。一目で人生の全部が見える。

自分の姿もその景色の中に放り込みながら、道元様の「四運を一景に競う」とはこういうことだな、と、納得させてもらいました。

『典座教訓』の「喜心・老心・大心」の「大心」の最後に、この「四運を一景に競う」という言葉がありますね。「四運」というのは、直接には生老病死、あるいは愛憎、損得、いろいろあります。人生には気に入ったことも、気に入らんことも、いろいろある。

それを、「一景」は追ったり逃げたりせず、同じ姿勢で、さらに一歩進めて豊かな景色と受け止めよ、というんですね。

いいですか。我われは気に入ったことは追いかける。気に入らないことは逃げる。追ったり逃げたり、のぼせ上ったり、落ち込んだり、いろいろする。追ったり逃げたりせず、同じ姿勢で受け止めよ。これが「一」です。さらに一歩進んで、豊かな景色として受け止めなさい。これが「景」。この道元様の「四運を一景に競う」の一句を、病院の廊下でしみじみ味わいました。ほかに仏法があるわけじゃないぞ、というわけなんですね。

それが第一段の、「諸法の仏法なる時節」の項で説くところです。「諸法」を昼にたとえ、明々として違いが見える。花があり、犬猫があり、人間があり、生あり、死あり、迷いがあり、悟りがあり、いいことがあり、いろいろある。「あり、あり、あり」ですね。

万法ともにわれにあらざる時節——「なし、なし、なし」

一方、「仏性」という、「公案現成」でいったら「公案」という角度から見たら、全仏性の世界で区別がない。区別がないことを、「万法ともにわれにあらざる時節、まどひなく、さとりなく、諸仏なく、衆生なく、生なく、滅なし」と、「なし、なし、なし」と示される。

「仏性」の角度、「公案」の角度から見たら、全仏性の世界で迷いも悟りもない。まったく区別がないから、明暗でいったら暗にたとえる、夜にたとえる。これが二番目です。

豊倹を跳出した現実のすがた

しかし現実は、一つのものを二つの角度から見ただけであって、別のものがあるわけじゃない。現実には、この目の前にあるこういうすべてがそれぞれの姿で現れているだけです。

「豊倹」というのは、「豊」は豊かであることと、「倹」は貧しい、乏しいということです。実際の現実というのは、豊かだとか乏しいとか、あるいは大きいとか小さいとか、多いとか少ないとか、相対的な価値概念ですね。「仏道もとより豊倹より跳出せるゆえに」というのは、仏道とはそういう相対的な現実があるのではなくて、豊かだとか乏しいとかと分かれる以前の、具体的な姿を持った活動体として今ここにあるだけ、ということです。豊倹、大小、多少と分かれる以前の、一つひとつ今ここに、消滅が「あり」、迷悟が「あり」、「あり、あり、あり」ですね。

しかしながら、「花は愛惜にちり、草は棄嫌におふるのみなり」とね。私の書いた『花有情』というお花の本に、ときどきこういうサインをします。

春色無高下　花枝自短長
（春色高下無く　花枝自ずから短長）

この「春色高下無く」は、ここでいう現成公案の公案、絶対平等のほう、全仏性の世界です。その全仏性の同じ働きをいただいて、「花枝自ずから短長」、梅や桜は高く、たんぽぽやすみれは低く、というように、それぞれ千態万様の姿がある。一つの働きをいただいて、みんな違う。現実にはこの「花枝自ずから短長」があるわけです。第一段が「悉有」の側から、第二段は「仏性」の側から見る。しかし、現実にはこの「花枝自ずから短長」しかないのです。これが、「豊倹より跳出せるゆえに」。豊かな姿がある。乏しい姿がある。迷っているものがある。悟っているものがある。生滅がある。いろいろあり、「あり、あり、あり」だ。これが第三番目です。

「しかもかくのごとくなりといへども、花は愛惜にちり、草は棄嫌におふるのみなり」。そうはいうものの、やっぱり現実においては、かわいい花が咲いたり、きれいな花が咲くと、散ってしまうのを惜しがる。そして、草が生い茂るのは嫌われる。それが人間の現実の姿です。

しかしながら、昭和天皇は草花の研究をしておられましたが、「雑草という草はない」とおっしゃったのを覚えていますね。みんな、どんなに小さくたって、精いっぱい素晴

らしい花を咲かせているわけだ。人間の方が、あれがいい、これがいいと、序列をつけていますけど、どんな小さなものも精いっぱいの姿をとっているわけですね。そこのところを、「花は愛惜にちり、草は棄嫌におふるのみなり」、という言葉が添えられているわけですね。

天地いっぱいに生かされている自己

道元様はよく、「自我」と「自己」という言葉を使い分けられました。小さな自分は「自我」、天地宇宙の真実に目覚めたもう一人の私を「自己」と使い分けた。ついでのことですが、道元様は、「自己」と「他己」、先輩のことを「大己」と使いました。自分、他人、先輩、みんな一つ命。みんな「己」の字をつけて、「自己」、「他己」、「大己」一つ命に生かされている、全部、兄弟なんだと。

ここのところを、ついでですが、内山興正老師がよく面白いたとえをされました。〝本堂の裏の畑が騒々しい。行ってみたら、かぼちゃが喧嘩している。かぼちゃのくせに生意気な、坐禅しろ、というので、かぼちゃが坐禅した。のぼせが下がったところで、頭に手をやってみろ、と。みんなつながっていた。一つ命に生かされている兄弟だった〟と。こういう話をされたことを覚えております。

一つ命に生かされている兄弟、これが「己」の字ですね。みんな、行くところ、わが命、全部一つ命。一つ命に生かされている兄弟です。

ところが、これに気づかないで、小さな私だけが中心、こうなった場合に「自我」になる。天地いっぱいに生かされている命に気づかない。小さな自分、エゴの自分、自我の自分。この小さな自我の自分を先として、一切を処理しようとする、これを迷いという。「自己をはこびて万法を修証する」。小さな自我を中心にしていろんなことを考えたり、何とかしようとするのを迷いというんだ、と。

「万法すすみて自己を修証する」。天地いっぱいに生かされているそういう命の事実、実相を見つめて、それにしたがって、今ここの生き方をしようとする、これを悟りと示されるのですね。

一即一切、一切即一

この「天地いっぱいに」ということで思い出すお話があります。だいぶ昔の話ですが、イタリアのアッシジでのこと。国際研究会議がありまして、そこで私が基調講演をするということで、立ち上がった途端に、この時計を落としましてね。日本のように畳とか板の間ならば大丈夫だったのでしょうが、向こうは大理石ですから、たまりません。この長短二つの針が飛んじゃった。使い物にならんですね。で、しょうがないからお伴の人の時計を借りてここへ二つ並べて、まず、こういうお話をしました。

今、時計を落としました。長短二つの針を押さえているピンが飛んでしまって、役に立たなくなりました。二つの針を押さえているピンが、たとえば、百分の一センチとする。百分の一センチのピンが、「そんな目立たないお役、つまらない」と言って、お役を放棄したら、時計全部が止まる。百分の一センチのピンは、時計全部の命を背負って、百分の一センチのお役をつとめている。

もう一つ、視点を変えて、百分の一センチのピンがどんなにすこやかに動ける状態にあっても、その時計全部を構成している部品のどれかが故障したら動けない。時計を構築している部品の全部が、それぞれの配役をしっかりつとめながら、総力をあげて百分の一センチのピンを動かしてくれている。これを仏教の専門の言葉でいえば、「一切即一」です。天地いっぱいに「生かされて」いる命、というのがそれですね。「生かされて」、そのご恩返しとして、「生かして」生きる。百分の一センチのピンは時計全部の命を一身に背負って、今ここを働く。それが、「一即一切」です。時計にたとえて、こういう話をしたことを覚えています。

この「一即一切」、「一切即一」は、華厳《けごん》教学でよく説くところとされております。華厳では、「事法界」「事事無礙法界」「理事無礙法界」「理法界」の四法界を説きます。「事」というのは、具体的姿を持った「悉有」の有りようを説いたものと考えてよいと思います。「一即一切」とは、時計一つの背景に、全体がある、全体が一つ、というこの見方は、空間的な見方です。華厳でいったら、具体的な姿を持っている方だから、「事法界」「事事無礙法界」です。「事」というのは具体的なものを指します。「事」と

「理」という見方も中国的な表現ですね。

これに対してもう一つ、華厳では、「理事無礙法界」というのがあります。今の「一切即一」のほうは、「事事無礙法界」の見方です。一方、同じように「一即一切」といいますけれど、「一」がここでいう「公案現成」の「公案」、あるいは「仏性」、これを「理」という言葉で表します。「一切」の方が「現成」、したがって同じく、「一即一切」といっても「理事無礙法界」の見方になります。

受け皿の大きさだけの受け止め

「迷を大悟するは諸仏なり」。「迷を」といった場合のこの迷というのは、迷いだけじゃなくて、いうなれば、我われの人生のいろいろな姿ですね。修行、生死、いろいろな仏性の展開です。仏性の景色、仏家の調度です。悟ったり迷ったり、生老病死があったり、いろいろあるこの人生の具体的な姿。それがそのまま、「仏家の調度」と気づく。人生を彩る道具だてですね。道元様が「四運を一景に競う」とおっしゃり、余語老師が「生老病死、いろいろあるからいいんじゃ」とおっしゃった。それが仏家の景色なんだと、そのように気づいたのを「ほとけ」というんだと、「諸仏」というんだと。だから、いろいろなことがあることを、そのまま仏性の景色、仏家の調度品だと、こう気づいた人が「諸仏」だというんですね。

「悟に大迷なるは衆生なり」。悟りたい、悟りたい、と、悟りを向こうにまわして追いかけまわす。悟りを追いかけて七転八倒する。「仏性」の中身がそのまま生老病死と気づかずに、生老病死を嫌い、悟りというものを向こうへ追いかけてうろうろしている。そういうのを、「悟に大迷なる」といい、これを衆生というのだというんですね。

「悟上に得悟する漢あり」。一度悟ったらいいってもんじゃない。先日、孔子の『論語』を読んでいましたら、子貢《しこう》が孔子に、「顔回《がんかい》は非常に優秀で、一を聞いて十を知る人であったが、私は一を聞いて二しかわかりません」と、語っているところを読みまして、思いましたね。私は澤木老師とか余語老師とか、多くのお師家様に出会うことができ、私なりに一句も漏らさず聞こう、という姿勢で聞法してきたつもりですが、十を聞いて一しか聞けていなかったなあ、と思ったことです。どんなに一生懸命聞いても、自分の持っている受け皿の大きさしかいただけないんですから。その一さえも、まともに聞けず、貧しい私の経験の角度からしかきけていなかったと思います。

面白いお話があるんですよ。『女性自身』という週刊誌に二年ほど書いたことがあります。『女性自身』は美容院や病院などにもよく置いてあるそうですね。そのご縁で、化粧品会社から講演を頼まれたんです。自分のところの化粧品を売ってくれている小売店の店主を集めての、年一回の講演会でした。「私の話は、〝美しさは化粧品じゃない〟という話をするのですから、会社のお役には立ちませんよ」と言いました。それでもいいと言うもんですから、講演に行きました。

私の話の前に、新しい化粧品の使い方の講習会が二時間ほどありました。そのあとへ行って、講演してまいりました。〝気をつけて生きて、生きる生きざまによって人間を美しくしていく。塗ったり染めたり、洗ったら剥げる話じゃない、化粧品じゃない〟という話をしました。どういう生き方をするかで、その人の人格を刻みあげていく。会津八一先生が、「美しき人になりたく候」というのは、それですね。そういう話を、二時間いたしました。

けれども、そのあと質疑応答がありまして、質問の二、三人までもが、「先生はどういうお手入れで？」って尋ねるんです。〝美しさは手入れじゃない〟という話をしたのに、この人たちはいったい何を聞いていていてくれたんだろうか、とがっかりしたんですけれども。お手入れを商売にしている人たちは、どういったってその角度からしか聞いていないんだな、ということを、そのときまた思いました。

私どもは、一生懸命聞いているけれども、十のうちの一か二しか聞けない。その一か二も、自分の生きてきた角度からしか聞けないというのが、私どもの姿ですね。半年生きたら半年、一年生きたら一年生きただけの受け皿の広がりや深まりが欲しい。少しでもちゃんと聞けるようになりたいと願うわけです。だから、ここで「悟上に得悟する漢あり」とありますが、一遍悟ればいいってもんじゃないんです。そのときの自分の受け皿の大きさしか気づけないんだから、限りなく深める。自分の受け皿をなるべく大きくしていかなきゃ、しょうがないんです。

私も、こうして皆さんにお話しさせていただくおかげで、最初に読んだころよりも、ここは少し違う角度から見られたなとか、この受け止めは浅かったなとか、気づかせてもらうことがある。大変ありがたいですね。

道窮まりなし

もう一つ、「現成公案」の先のほうにありますけれども、「身心に、法いまだ参飽せざるには、法すでにたれりとおぼゆ。法もし身心に充足すれば、ひとかたはたらずとおぼゆるなり」。この一句ですね。「身心に、法いまだ参飽せざるには、法すでにたれりとおぼゆ」。勉強しない人ほど、もう充分だと思ってやる気がない。「法もし身心に充足すれば、ひとかたはたらずとおぼゆるなり」。学んで身心に充足している人ほど、自覚としては足らん、いっそう足らんと思う。だから学びが深い人ほど、謙虚だということになるわけですね。学びの少ない人ほど、学ぼうという気にならない。逆に学びが深い人ほど、自分の足りないところを知っているから、いっそう学ぼうとする。

まさにこれでして、一遍、ああそうか、って気づけばいいもんじゃない。さらに「悟上に得悟」というけれど、悟というのは気づくといってもよいでしょう。一遍気づけばいいってもんじゃない。そのときのものさしの大きさしか、いただけないんだから。

内山老師が、「ミイラになったような悟りをいつまでも背負いまわしてもしょうがない」とおっしゃった。昨日の気づきは、まだ未だし。捨てて限りなく深まっていくということでなきゃならん。いつまでも、さらにさらに深める。いっそう足りない自分に気づきながら、さらに深まっていこうとする。それがここでいうならば「悟上に得悟」でしょうね。

澤木老師がおっしゃったように、修行は常に現在進行形です。昔悟りました、昔修行しましたじゃ、だめなんだ。いつでも、今、どうじゃ、と。昔一生懸命坐禅した人が、久々に会って、「今どうじゃ?」って言ったら、「一服しております」と答えたという。一服しちゃ、だめだ。昔悟った、昔坐禅したじゃ、だめだ。道元様の修行観は、常に現在進行形です。今、どうじゃ、と問い続ける。いいですね。

その点、臨済宗の場合は悟りを非常に大事にする代わりに、何々老師からいただいた印可証明、というこの看板を一生掲げます。あれも大変なことだと思います。過去に悟った、じゃ、だめだ。常に現在進行形。今、どうじゃ。これが道元様の修行観です。常にどの一瞬も、かけがえのないわが命なのですから。刻々に、いかなるときであろうと、自分の命じゃないことはないんですから。深まるほどに、足りない自分に気づく。であればこそ、修行に卒業はない。道元様が「道無窮（道窮まり無し）」とおっしゃったのは、それですね。

「迷中又迷の漢あり」。迷いの中にさらに迷いを重ねていく人もいる。迷っていることにも気づかぬほどに、迷いの中に迷い込んでいく。そういうのもあるというわけです。

悟りを意味する言葉に三つありますね。「悟」と「覚」がまずあります。どちらも気づくという意味を持っております。もう一つ、「証」というのがあります。『修証義《しゅしょうぎ》』の「証」。「修」と「証」。この「証」を道元様は、「証」と「本証」と二つに書き分けていらっしゃる。たとえば、「修すれば証そのうちにあり」という言葉は、これは行ずるほうです。今、ここで修行する。そのことです。

それに対して、「本証」といった場合は、「本証妙修」というようなかたちで、いたるところに出てきます。「本証」という場合は、むしろ今ここでいうと「公案現成」の「公案」とか、「仏性」を意味する。そんな風に、「証」と「本証」とを使い分けていらっしゃる。

そういう意味で、「本証」の「本」、命の本源の「本」、「本」の字を使っています。鎌倉仏教は、浄土宗の場合は「本願」という。日蓮宗の場合は「本門」という。曹洞宗では「本証」という。「本」の字がみんなついている。言葉は変わりますが、姿勢としては同じと受け止めていいと思うんですね。

『従容録』の第十二則に、「地蔵種田」があります。その頌に、「参じ飽きて明らかに知る、所求無きことを」とありますね。法眼文益《ほうげんもんえき》が江南湖北を行き来し、あちこちの師家に参じ、とことんまで求道行脚して、地蔵桂琛のもとに戻ってくる。そのときはじめて、田を植え、飯を摶《まる》めて喫する、泥臭い日常底の大切さに立ち戻る。さんざんに参じ飽きてみないと、外に求めるものではなかったんだ、と気づけない。はじめからそのど真ん中にいたんだ、ほとけの働きのど真ん中にいたんだ、ということに気づくことができない。それが、はじめから備わっているお働き、「本具」とか、「本願」とか、「本証」という意味ですね。それなのに、外に向かって求める。限りなく求める。これが「迷中又迷の漢」ということですね。

いま、ここで、ひとつになって実践する

諸仏のまさしく諸仏なるときは、自己は諸仏なりと覚知することをもちいず。しかあれども証仏なり、仏を証しもてゆく。

「諸仏のまさしく諸仏なるときは、自己は諸仏なりと覚知することをもちいず」。覚知するとは、認識にのぼるということ。「あ、自分はいまほとけになったな」なんて認識にのぼったら、間違いです。本当にそのものと一つになっていたら、認識にのぼらない。認識をするというのは、認識するほうと、されるほうと、二つに分かれている、間に距離がある。一つになっていたら、認識にのぼってこないはずだ、というわけなんです。

よく澤木老師が「熟睡のとき、熟睡をしらず」とおっしゃいました。〝あ、今よく寝ているな〟と思ったら、タヌキ寝入りの証拠です。本当に眠っているときは、眠っていることさえ、意識にのぼらない。本当に一つになってやっていたら、やっていることが

意識にのぼらない。「覚知することをもちいず」とはそういうことですね。

「証仏」というのは、実際に行ずる、ということ。行仏です。ただひたむきに、実際にそこで実践する。一つになってやりきっている。これが大事なことですね。

〝私は今何している〟なんてことが意識にのぼるようじゃ、まだ本物じゃない。本当に一つになっていたら、そんなものは意識にのぼりやしません。

たとえばですが、車を運転する。いま、運転している手の動き足の動き、いろんなことが頭にのぼっているうちは、本物じゃありませんね。何とも思わなくても運転できるようにならなくては、本当ではないでしょう。お茶のお点前でも、〝この次は……〟と考えているようでは本物じゃありませんね。というように、本当に一つになっていたら、意識にはのぼってきません。それを「仏を証しもてゆく」。ただひたむきに、今ここで、一つになって実践をする。そのようにここでは受け止めましょう。

「十牛」からみて

禅籍でよく登場するものに、「十牛」のお話がありますね。「十牛」というのは、ご存知のとおり、「尋牛」からはじまって、「見跡」「見牛」「得牛」「牧牛」「騎牛帰家」「忘牛存人」「人牛倶忘」……と、進んでいきますね。語録で牛が出てきたら、「仏性」とか「もう一人の私」とか、その比喩と受け止めたらいいでしょう。

「尋牛」は発心ですね。求めていこうと思い、旅立つ。最初の旅立ちで大事なことは、本気の発心がなきゃなりません。「発心正しからざれば万行空しく施す」（『学道用心集』第五）といって、たとえば、本当の発心がなかったら、初めのボタンをひとつかけ間違うと最後まで間違うように、限りなく隔たっていってしまう。最初の初発心が間違いないものであることが、まずは大事ですね。

本気で道を求めようとする、発心を起こす。次に大事なことは、間違いのない道案内としての、正師を選ぶことです。

道元様は『学道用心集』で、「正師を得ざれば学ばざるに如かず」。すなわち、間違った師匠のもとに学ぶくらいならば、勉強しない方がいい、とおっしゃっています。そして、師匠と弟子を大工と木材にたとえてお説きになっておられます。いくらよい材木でも、腕のない眼のない大工に出会ったら、台無しにされるでしょう。節だらけのひん曲がった材料でも、眼のある腕のある大工に出会ったら、節を活かし曲がりを活かしてくれるでしょう。だから、正しい師匠に出会うことができなかったら、むしろ学ぶな、とまでおっしゃっておられます。そのように、最初の旅立ちで大事なのは、正しい道案内としての「正師」を選ぶこと。これはまず心におきたいですね。

それから、「見跡」。牛の足跡だけが見える。これは、「あ、こっちのほうに向かって修行していったらいいな」と、修行の方向づけができる、ということ。これが見跡です。ですから、この頃、非常に残念なことですが、僧堂での修行の年月が短い。この間も本山で言ったことですが、一年で送行《そうあん》し帰るものが多い。そんなものではないですね。どっちのほうに向いて修行していったらよいか、方向づけさえわからないうちに送行したんでは、どうしようもない。そういうことで、「こっちのほうへ向かって修行していけばいいな」という方向づけができた、これが「見跡」ですね。

「見牛」になると、牛の姿が出てきます。どうにか仏法が垣間見えてきた、という。しかし、問題は「見」という字です。これがいまの認識段階、頭で納得できた範囲、どうにか見当をつけた範囲です。だから、この「見」という字、禅の語録にはよくこの字が出てきますね。この「見」を禅の語録では、「現」と、「現ずる」というふうに理解することの方が多いんですね。目で見るのではなくて、身体で実行する、実践する。たとえば、「深入禅定　見十方仏」という言葉があります。「深く禅定に入りて　十方の仏を見たてまつる」のではなく、「十方の仏を現ずる」といただく。「見る」んじゃなくて、「現ずる」のです。

こういう風に解釈することが多い字ですけども、十牛の「見牛」では、私は「見」で捉えたいと思います。いまだ認識の段階、頭でお話を聞いて、〝あ、そうか〟と、納得する段階です。この「見」と「現」の違いは、「現成公案」の終わりのほうにも出てきたと思います。「見」は認識の段階です。「現」は身体で行ずるほうです。実践するほうです。

そして「得牛」、「牧牛」の段階から先は、「行得」のほうです。身体で行ずる。これが長い時間かかります。十牛図の「得牛」は、牛が先に立って、牛にひっぱられてゆく図柄。「牧牛」のほうは、牛が後ろからついていく図柄。いずれにしても行ずる、「行得」のほうです。これが大事ですね。認識段階でわかったら、次はこの身体で二十四時間、実践していく。行じ尽くして、自分なりに納得ができた。次は、そこにとどまっていてはいけない。必ず降りてくる。これが、第六番目の「騎牛帰家」ですね。

「牧牛」までは、人と牛との二つの姿が絵に描かれ、距離があります。認識する相手と距離があります。ところが、この「騎牛帰家」へ至ると、牛の背中に童子が乗っています。一応、一つになる。一つになって帰る。この帰ることが大事ですね。高いところにとどまっていてはいけません。

そのつぎ、第七「忘牛存人」、第八「人牛倶忘」になって、「忘」という字が出てきます。意識にのぼらない。第七では、牛の姿が消え、第八では、人と牛と両方とも消える。仏法とか、悟りとかいうことも消える。その消える段階。これがここでいうと、「覚知することをもちいず」。まったく一つになって意識にものぼってこない。ただひたむきに実践する姿ですね。

霊雲志勤と香厳智閑

身心《しんじん》を挙《こ》して色《しき》を見取し、身心を挙して声《しょう》を聴取《ちょうしゅ》するに、したしく会取《えしゅ》すれども、かがみにかげをやどすがごとくにあらず、水と月とのごとくにあらず。一方を証するときは一方はくらし。

「身心を挙して色を見取し、身心を挙して声を聴取する」。これは、潙山霊祐《いさんれいゆう》の弟子の、霊雲志勤《れいうんしごん》と香厳智閑《きょうげんちかん》のお話です。潙山の弟子はたくさんおりましたけれど、この二人は、「見色明心、聞声悟道」という言葉で、道元様はよく引用されます。

「見色明心」というのは、「霊雲桃花」の話をいいます。霊雲志勤が行脚《あんぎゃ》のついで、峠を出たところ、目の前に桃の花の咲いている里が広がっていた。それを見て悟った。というのが、この「見色明心」です。

「聞声悟道」のほうは、「香厳撃竹」の話からです。この香厳は、非常によく勉強した人なんですね。潙山霊祐がある日、香厳を呼んで、「どこかの経典にある言葉でもない、誰かから聞いた話でもない、お前自身の言葉を持ってきなさい」と言われました。香厳は懸命に考えましたが、いくら考えても、みんなどこかから聞いた話、どこかの経典の話。自分の言葉が出てこない。それでとうとう、潙山に教えてくださいと頼みます。しかし、教えたら、これも借り物だ。お前のためにならん。というので、潙山は教えませんでした。それで香厳は、「画餅飢えを癒やさず」、画に描いた餅じゃ腹はふくれん、と。たくさんの書籍を全部焼き捨てて、小さな庵に移り住み、坐禅と作務三昧の日々に入りました。

ある日、庭掃除していて、石が竹にカチンと当たった音を聞き、悟りを開くことができました。はるかに潙山の方を向いて、「教えていただかなかったおかげで今日がある」、と言って礼拝しました。そういう話が伝わっています。

私は長いこと、信州と東京の間を往復しました。その途中に甲府がありますね。四月、電車から甲府平を眺めて、桃がずーっと咲いているのを見ながら思いました。〝霊雲志厳はこの桃の花を見て悟った、というけれども、私は駄目だな〟と。そう思いながら桃を見渡したことを忘れません。

同じものを見ても聞く耳がない、見る眼がないと何も見えてこない。聞こえてこない。しかしながら、天地宇宙が語り通しに語っている、その姿を見よ、声を聴け。そういうことですね。道元様がこうおっしゃっていますね。「声なきを恨まず、耳なきを恥じる」と。天地宇宙が語り通しに語り、その姿を見せ通しに見せてくれているけれども、見る眼がない、聞く耳がないがために聞こえない。

天地の声を聞く

お釈迦様以来、祖師方とは、天地の声を聞いた方々ですね。「見明星悟道」。明けの明星を見て悟った、というお釈迦様もそうですし、霊雲志勤と香厳智閑のお二人もそうです。蘇東坡《そとうば》の有名な詩がありますね。

渓声便是広長舌
山色豈非清浄身
夜来八万四千偈
他日如何挙似人

渓声《けいせい》　便《すなは》ち是《こ》れ　広長舌《こうちょうぜつ》
山色《さんしょく》　豈《あ》に清浄身《しょうじょうしん》に非《あら》ざらんや
夜来《やらい》　八万四千《はちまんしせん》の偈《げ》
他日《たじつ》　如何《いかん》が人《ひと》に挙似《こじ》せん

蘇東坡が廬山に遊んだときの句ですけども、『正法眼蔵』「渓声山色」の巻もここから出た言葉であり、それから道元様の、

峰の色　渓の響きも　みなながら
わが釈迦牟尼の　声と姿と

のお歌も、この蘇東坡の偈をお歌にされたものですね。天地宇宙が限りなく法を説き続けてくれている。聞く耳があり、見る眼がありさえすれば、それを聞き、見ることができるけれども、こちらに眼がない、耳がないために、天地の声も聞こえない、姿も見え

ない。それを道元様は、「声なきを恨まず、耳なきを恥じる」と、こうおっしゃった。道元様ほどのお方でさえも、こうおっしゃるわけです。

本文に戻りますと、「身心を挙して色を見取し、身心を挙して声を聴取するに、したしく会取すれども、かがみにかげをやどすがごとくにあらず、水と月とのごとくにあらず。一方を証するときは一方はくらし」。見たり聞いたりするときに、主客が一つになる。見ているものと相手が二つに分かれていない。一つになって見ているということを言いたいんですね。天の月と水に映った月。鏡に映った自分と自分自身と。これは二つに分かれてありますね。この二つに分かれる以前、一つになってなきゃならんぞ。相手とまったく一つになっていなきゃならんぞ。

雨音と一つになる

今日は、たまたまここに「雨滴聲《うてきせい》」というお軸が掛かっています。大洞良雲老師の見事な書ですね。これは、『碧巌録《へきがんろく》』にある、鏡清という人の言葉です。『従容録』と並んで、特に臨済宗が大事にしているのが、『碧巌録』。その四十六則に、「鏡清の雨滴聲」というお話が出てきますね。ちょうど、今日のように雨が降っていて、鏡清が雲水に聞くんです。「あれは何の音だ」と。雲水が「雨の音です」と答える。鏡清は示します。「お前たちは、雨の音を聞いて、こんなに雨が降ると帰りが大変だとか、雨が降るとどうするかとか、雨を追いかけまわす。そうではなくて、雨と一つになれ」と、そこを道元禅師は『傘松道詠《さんしょうどうえい》』に、

きくままに　又心なき　身にしあれば
　　おのれなりけり　軒の玉水

と詠まれた。雨の音と自分とが一つになっている姿。「一方を証するとき一方はくらし」。見られる自己と見る自己とが別々でない。意識したり、覚知にのぼっているうちは、まだ本物じゃない。一つになっている姿です。

禅の語録で大事にしている言葉に、「不識」、「不知」、「不会」というものがあります。

語録では、「全く何もわからん」という「不識」や「不知」と、知・不知を通りこしてしまった「不知」と、両面の意味が使われていますけれども。認識段階を超えてしまっている。二つに分かれる以前、一つになってしまっている。第六段で、「諸仏のまさしく諸仏なるときは、自己は諸仏なりと覚知することをもちいず」と、ありましたね。認識にのぼってこない。一つになっている。見るものと見られるものと二つに分かれない。そのものになりきって一つになっている。こういう姿ですね。「一方を証するときは一方はくらし」と。ここはそのように受け止めておきましょう。

慈悲の根底の我愛

仏道をならふといふは、自己をならふなり。自己をならふといふは、自己をわするるなり。自己をわするるといふは、万法に証せらるるなり。万法に証せらるるといふは、自己の身心および他己の身心をして脱落せしむるなり。悟《ご》迹《しゃく》の休歇《きゅうかつ》なるあり、休歇なる悟迹を長長出《ちょうちょうしゅつ》ならしむ。

道元様はいたるところで、仏道のまえに自分のことはどうでもよろしいんだ、ということをおっしゃってはおられますけれども。しかし、お互い様、どうでしょう。自分を振り返ったとき、何よりも自分が大事。自分がかわいい。この私をどうしたらよいか。実際はそういうことじゃないでしょうか。

お釈迦様がご在世当時、お釈迦様の仏法を熱心に聞いておられた、ハシノク王とお妃のマツリカの話が、経典に残されていますね。

ハシノク王が、ある日、妃のマツリカに「お前は世の中で何が一番いとおしいか」と尋ねる。マツリカという人も非常に賢い奥さんでしたね。しばらく考えた末、「自分が一番いとおしゅうございます」と答えます。「王様はいかがですか」。ハシノク王も自分をしみじみと顧みて、「私もいついかなるときも、自分が一番いとおしい」と答えます。お互い様に、自分より子どもを愛するとか、自分よりもあなたを愛するとか、とかく言うけれども、とことんまで追いつめていったら、結局「自分がかわいい」というところにいきつきます。

でもこの答えは、お釈迦様の教えにもとるような気がしましてね、ハシノク王夫妻は祇園精舎《ぎおんしょうじゃ》を訪ねてこのことをお尋ねします。お釈迦様は、ハシノク王夫妻の言葉に耳を傾けたのちに、こうおっしゃいました。

人のおもいは
いずこへもゆくことができる
されど　いずこへおもむこうとも
人は　おのれより愛しいものを
見いだすことはできぬ
それと同じく　他の人々も
自己はこの上もなく愛しい
されば
おのれの愛しいことを知るものは
他のものを害してはならぬ

（『相応部経典』三―八）

このわが身かわいい思いがむしろ、出発点ですね。その次、「それと同じく　他の人々も　自己はこの上もなく愛しい」。自分がいついかなるときも自分が愛しいように、目を他に転じてみると、どの人もこの人も自分がかわいいんだ、と気づく。そして最後の結び、「おのれの愛しいことを知るものは　他のものを害してはならぬ」。だからこそ、自分を愛おしいと思ったら、他を害してはならぬ、と。これですね。

仏教の二千五百年の歴史は、不害の歴史。血は流れていませんね。不害の歴史とは、積極的に言いかえれば慈悲の歴史です。キリスト教の世界へ行きますと、教会の壁画は全部血塗られた殉難の歴史です。それに比べて仏教の歴史の中には血は流れていません。不害の歴史、慈悲の歴史です。

しかし、ここで心にとめておきたいことは、不害、慈悲の根底になっているのは我愛である、ということです。いつ、いかなるときも、わが身を愛しいと思う、ごまかしようのない本能ともいうべき我愛を見つめる。それが一番底辺にあり、それを百八十度方向転換して、慈悲に変えるのです。ただ、愛せよなどという浮ついた話じゃない。本能ともいうべき、わが身かわいい思いが満たされなかったときの悲しみ、傷つけられたとき、無視されたときの痛み、その人への仕返し、等々。いろいろな事件、世の中のニュースのほとんどは、そんなもんじゃないかと思うんです。そういう自分をよくよくこう凝視して、無視されたときの悲しみ、傷つけられたときの痛み、それを深いところで百八十度方向転換しなされと、目を外へ転じてみる。私がこんなに自分がかわいいように、あの人もこの人も自分がかわいいんだ。私が傷つけられ、無視されてこんなにも悲しいように、あの人も、この人も悲しいんだ。そう、わが身に引き比べて、思いを他に転ぜよと。そして、その結びが慈悲に変わる。不害に変わる。ごまかしようのない本能が底辺にあって、大きく百八十度方向転換したものですから、ゆるぎないものですよ。ここのところを一つ学んでおきたいと思うんです。

これを唯識では、識を転じて智を得る。「転識得智」という。唯識では人間の心を八識に分けますが、第七番目が末那《まな》識。これは本能的な我愛です。自分を愛おしむ。これを深層心理の第七番目として、立てないではおれないほどに、人間というものは、わが身を愛おしみます。

いつ、いかなるときも、意識にのぼらぬほどの深さで、自分にこだわっている。それを見据える。それが深いところで百八十度方向転換して、人の痛みをわが痛みとして、人を傷つけるな、愛してゆけと説く。それが仏教です。縁があったら、ぜひ唯識も勉強してほしいと思うことの一つです。

万法に証せられている自分

先ほど申しましたように、まずは自分が一番かわいい。いったいこの私は何者か。どうして生きているのか。どうなっているのか。自分というものを徹底的にこう、掘り下げてみる。そうすると、「自己をわするるなり」。自分というものはどこかへいってしまう。この「私、私、私」と思っていた自分は消えてしまって、万法に証せられている自分にゆきつく。ここが大事ですね。

澤木老師がよくおっしゃった言葉に、「この皮のつっぱりの中だけで生きているんじゃないんだ。尽十方界真実人体、天地いっぱいに生かされている」とありますね。

二、三年前に亡くなられました、ベトナムのティク・ナット・ハンさんが『般若心経』について書いているところに、こういう言葉がありましたね。

もしあなたが一人の詩人だったならば
一枚の紙に雲を見るだろう。
雲がなかったら雨が降らないから。
もしあなたが一人の詩人だったならば
一枚の紙に木を見るであろう。
木がなかったら紙は出来ないから。
もしあなたが一人の詩人だったならば
一枚の紙にきこりを見るであろう。
きこりは木を切るから。
もしあなたが一人の詩人だったならば
一枚の紙に麦を見るであろう。

きこりはパンを食べるから。

というように、次々と書いていきましてね。つきあたるところ、「一枚の紙は、一枚の紙でないすべてのものから成り立っている」と、そうおっしゃったことを覚えております。

先に、時計のピンの話をいたしましたね。百分の一センチの時計のピンも、時計全部の命を背負ってお役をつとめている。同時に、時計を構成している全部の部品が、それぞれの役をつとめながら、一つとなって働いて、百分の一センチのピンを動かしてくれている。

全体に生かされている。すべてのものによって、生かされている。小さな私が消えてしまって、天地いっぱいに生かされている。「万法に証せらるる」とは、こういうことです。

この「万法に証せらるる」の理解の一助として、私はよく、水原舜爾先生のお言葉を紹介しております。水原先生は、岡山大学の科学者で、内山老師に参禅をした方です。

この水原先生が、こういうことをおっしゃっています。

この地球上の生態ピラミッドの一番底辺に微生物がいて、大地を清掃してくれる。微生物は清掃係。この微生物の働きがなかったら、大地はゴミの山になるであろう。いろいろなものを全部分解して肥料にしてくれる。そのおかげで植物が育つ。この植物は、生産者だという。この植物の命をいただいて動物がある。両方の命をいただいて人間がある。この動物と人間は消費者だという。この地球上の生態ピラミッドが、この地球の上で安らかに過ごすことができる地球環境を見る。まずは地球と太陽を結ぶ一億五千万キロという引力のバランスを保っているおかげで、我われはこの地球上に安らかに存在できる。近くても焼け死ぬ、遠くても命は存在しない。この一億五千万キロのバランスを保つことができる背景には、金星・土星・木星などの太陽系惑星相互の引力のバランスがあるおかげだという。さらにこの太陽系惑星相互の引力のバランスの背景には、さらには銀河系の他の惑星群との引力のバランスが取れているおかげだという。

何年も前に、この愛知県で『愛・地球博』という大きな展覧会がありましたね。そのときに、月についての展示が出ていたようです。この地球から月という衛星船が出てくれたおかげで、地球は一日二十四時間の回転になったそうです。月ができる前は、地球は六時間で一回の回転だったそうです。六時間で一回転では速すぎて、我われは住んでおれない。巨大隕石の衝突により、地球の一部が飛び出して月という衛星船となったおかげで、地球は一日二十四時間の回転となり、我われはここに住んでおれるのだといいます。

もう一つ、地球の大きさもちょうどいいから、こうして我われは安心して地球の地面に吸い付いていられます。もし地球が小さすぎると、月の地面に降りたときのように、ふわふわ浮き上がってしまう。浮き上がるばかりでなくて、空気も薄いから、生きていられない。いろいろなことが不思議に重なって、我われがこうして生きていられるんだ、というんです。

「天地総力をあげてのお働きをいただいている」という言葉ではピンとこないけれど、こういうかたちで科学者たちが教えてくれますと、よくわかります。

天地総力をあげてのお働きを、すべてのものが一身にいただいて生きている。そのことに、お釈迦様は直感で気づかれた。村上和雄先生はその働きを、「サムシング・グレート」と呼んでおられます。「万法に証せらるる」とは、そういう働きをいうのですね。もう一つ。アメリカの国立公園の父といわれるジョン・ミューアが、

一輪のスミレのために
地球がまわり　雨が降り　風が吹く

と語っていますね。

初めに申し上げたように、一輪のスミレも、一匹の猫も、人間の命も、その背景に天地いっぱいの働きがあるという意味で、仏教では全部の命を絶対平等と見ますね。「仏性」の具体的あらわれ、「悉有」として、草木から動物にいたるまで絶対平等と見ます。しかし、授かった働きが違います。先ほどの水原先生の説を借りますと、鉱物は物質だけ、植物は物質＋命、動物は物質＋命＋認識、喜びや悲しみを認識する力、さらに、人間だけがこういう命をいただいているということに気づく働きをいただいているというわけです。これが素晴らしいですね。

草木も動物も、「万法に証せらるる」という、天地いっぱいのお働きをいただいていて、それぞれの命の営みをしています。そのことに変わりはないけれども、草木や動物には、自覚はないでしょう。人間だけがその働きを自覚する働きをいただいている、というんです。素晴らしいですね。

しかしですよ、自覚する働きをいただいていても、そのことを説いてくれる教えや師匠に出会わないと、気づけません。気づかないからこそ、自分の命を軽んじたり、人の命も軽んじたりします。何気なくしゃべることができる、眠ることができる、眠りが足りたら覚めることができる、食べることができる。食べたものを消化することができる。一つひとつの命の働きの背景に、天地総力をあげてのお働きをいただいている。そのことに気づけば、どうして軽んじられましょうか。気づくことで、それにふさわしい今ここの生き方をしましょうじゃないか、という思いが芽生え、しないではおられなくなるのです。

「人身受け難し　今すでに受く　仏法聞き難し　今すでに聞く」という、この一句の重さを思いますね。

米沢英雄さんという大変素晴らしい先生がおられました。福井のお医者さんでしたね。この米沢先生が、「吹けば飛ぶようなこの小さな命と、天地いっぱいがかけあうほどの命と知れば、この命、拝まないではおれない」と。そうおっしゃったことを覚えております。そういう命を頂戴できたということを、本当にもったいないと思わなきゃならん。そして、それを説いてくださる教えに出会わせてもらったことの喜びを思わなきゃならん、と思うわけです。

そこを「自己をわするるといふは、万法に証せらるるなり」と示されたといただきたいですね。

一人称単数の世界

さらに一歩進めて、「万法に証せらるるといふは、自己の身心および他己の身心をして脱落せしむるなり」と、示されます。ここですね。自分と他人との境がなくなる。全部一つ命に生かされている兄弟なのですから。

松原泰道老師とは、二十代後半からのご縁ですが、この松原老師が、「一人称単数の世界」ということをよくおっしゃいました。全部私、他人はいない。

澤木老師のお弟子さんで、横山祖道という方が、信州・小諸の懐古園で草笛を吹いておられました。澤木老師は、毎年、信州・小諸のお寺で夏季講座をしておられた。そんなご縁から、澤木老師亡き後、横山老師は懐古園の近くの農家の納屋をお借りして住み、そこから毎日懐古園に通い、懐古園の竹藪の陰に坐禅をして、行き来の人に草笛を吹いて聞かせる。そんな晩年を過ごしておられました。

この祖道老師と私が、ＮＨＫ『宗教の時間』に、「草笛説法」というテーマで対談することになりまして、金光寿郎アナウンサーと一緒に、打ち合わせを兼ねて懐古園をお訪ねしたことがあります。前もって連絡はしてありましたので、祖道老師は懐古園の道に出てきて、「こちらへ、こちらへ」と。こちらへといっても、座敷があるわけではなくて、竹藪の陰の芝生の上に、ビニールの風呂敷をひいただけの奥座敷。欠けたような七輪に鍋がかけてありましてね。枯れ枝を拾って集めてあって、その枯れ枝をコンロにくべて火を点け、きな臭い煙がたつと、私のほうへ煙をあおいで向ける。「このごろは、煙がごちそうだから」と言って。

そうして、最初におっしゃった言葉が、「この地球上に住むすべてのものが、大空という一つ屋根の下、大地という一つ床の上に住む、兄弟、仲間じゃないか。それを境など作って、取った、取られたと、限りない争いを繰り返す。残念なことですな」。この一言、忘れませんね。この地球上に住むすべての「人」とはいわず、「もの」とおっしゃる。草木も動物も全部入るわけです。

目の前に浅間山がそびえている。「あれは、我が家の築山じゃ」。いいですね。世界中、わが家。どこへ行ってもわが家です。

そうしている間に、お湯が沸きました。頭陀《ずだ》袋から、ビニールの袋に切って入れてありました羊羹を取り出して、枯れ枝を二本そろえて箸にしまして、「これは宗旦《そうたん》さんが使った箸だ」と言って、羊羹を挟む。今度は頭陀袋から、汽車弁のどんぶりを出して、「これは利休さんが使った茶碗で」とか言って、お茶を点《た》ててくださいました。

お茶の世界で、「乞食宗旦」といわれるほど徹底侘びに徹した宗旦さんも、ここまで侘びなかったであろうと思うほどの、侘びの極地の姿に、私は一服のお茶を何ともいえない思いで味わわせていただいたことを忘れません。

「自己の身心および他己の身心をして脱落せしむるなり」。自他の境がなくなる。「悟迹の休歇なるあり、休歇なる悟迹を長長出ならしむ」。いいですね。悟迹というのは悟りの迹、休歇というのは、消えてしまうということ。悟りの迹が残っていない。「味噌の味噌臭きは上味噌にあらず」といいますけどね。悟り臭さが残っているうちは、本物じゃないですね。

何度も申し上げてきたように、天地いっぱいに生かされている命に気づかねばならない。しかしその気づきも、持ち合わせている受け皿の大きさ、貧しい経験の角度からしかいただけていないということに、気づかねばならない。

その自分の貧しい角度からしか聞けないということで、余語老師が面白い話をされました。佐渡の海で毎日漁をしている人と、信州の山で毎日炭焼きをしている人が、浅草の観音様をお参りして一つの宿をとった。「お日様はどこから出るか」という話になって、信州の山で暮らしている人は、「山から出て山に入る」と言う。海で暮らしている

人は、「海から出て海に入る」と言う。どうしても話が合わない。そこで、番頭さんに仲裁を頼んだら、曰く、「屋根から出て屋根に入る」と。面白い話だけど、我われは、自分の生きてきた角度からしか、貧しい受け止めしかしていないんだな、と思ったことです。

私なども、たとえば、余語老師の話を二十年、二十五年くらい聞かせてもらいましたかね。老師はあんまり丁寧に説明されませんから、自分流に受け止めることが多いんです。途中から、「あ、違っていたな」とか、「あ、これはこっちからも見られたな」とか、自分の中の受け止めを、こう何度も訂正しなおしましたね。そういうものでして、いまの自分の受け皿の大きさしか聞けていない。あるいは貧しい経験の角度からしか、いただけていない。ということを、よく思わないといけません。

道始めより成ず・道始めて成ず

もう一つ申し上げておきます。大智禅師に「仏成道」という偈が三つあったと思います。その一つが、「果満三祇道始成」です。「果は三祇に満ちて」、そして、第一句の下三字、「道始成」をどう読むか。普通の読みでは、お釈迦様は三大阿僧祇劫《あそうぎこう》の修行を終えて、「道始めて成ず」と読みます。ところが、秦慧玉禅師と余語老師は、これを「道始めより成ず」と読んでおられます。私はどちらも意味があると思っています。

さっき申しましたね、澤木老師がおっしゃいました。「凡夫がボツボツ修行をして仏《ほとけ》になるんじゃない。始めから仏《ほとけ》だ。そのことに気づかず、迷っているのを凡夫と呼ぶ」と。

この「はじめから仏《ほとけ》」、これが「道始めより成ず」ですね。本具です。けれど、そのことに気づかず迷っているのを凡夫と呼ぶ。それをよき師、よき教えに出会うことで、ああ、そうであったかと気づく。気づいて始めて成道する。私は両方必要だと思っています。

たとえばですよ、道元禅師が比叡山に上っての、最初の大疑団、「本来本法性、天然自性身」。この身がもともと仏《ほとけ》さんなら、修行する必要はなかろうに、なんで修行せねばならんか、という疑問を持ちます。その答えが、『辦道話』の冒頭に出てきますね。

中国から帰られ、建仁寺から深草の安養院に引退されたときに書かれた、道元様の立教開宗の宣言といわれる『辦道話』。その最初が、「人々分上ゆたかにそなはれりといえども、いまだ修せざるにはあらわれず、証せざるにはうることなし」と。それが答えです。「人々分上ゆたかにそなはれり」本具仏性。はじめから仏《ほとけ》さんだ。過去完了形ですよ。けれども、さんざん探し求めてみる、お話をきいてみる、いろいろやってみる、そして「あ、そうであったか」と納得する。気づかなきゃ自分のものにならんよ、と。それが「修せざるにはあらわれず、証せざるには得ることなし」ですね。

ということで、私は「道始めて成ず」と「道始めより成ず」の、両方が要ると思っております。

「始めより成ず」と読まれたのは、いまの「人々分上ゆたかにそなはれり」のほうですね。しかしもう一方で、「修せざるにはあらわれず、証せざるにはうることなし」。一生懸命聞いてみる、学んでみる、修行してみる、そうしてはじめて、「あ、そうであったか」と気づかなかったら、自分のものにならんよ、と示されています。

しかし、悟りというものを頂点においてしまうと、オレ様は悟った、というような執着がつく。自由な働きができない。そんなものは忘れてはじめて、自由な働きができるようになります。

さきほど、「十牛図」の八まで書きました。第九番目「返本還源」は山の頂を極めたら、もとに還ってくる。のぼっていくまえと、景色はちっとも変わらない。変わらないけれど、変わっている。それから、第十番目「入鄽垂手《にってんすいしゅ》」のほうは、絵では、布袋さまが満面の笑みで人々の中へ入ってゆく姿。日本でいったら、子どもと遊ぶ良寛さんのように思ってくださればいいかと思います。「休歇なる悟迹を長長出ならしむ」。悟りなんてものは忘れ果てて、子どもと一緒に遊ぶ、そういう姿です。体じゅう、顔じゅう笑顔で、その笑顔を見ただけで、みんなが救われる。「休歇なる悟迹を長長出ならしむ」とは、そういう、この「十牛」の、第十番目の姿です。そういうことだと受け止めてください。

仏を外に求める

人、はじめて法をもとむるとき、はるかに法の辺際《へんざい》を離却せり。法、すでにおのれに正伝《しょうでん》するとき、すみやかに本分人なり。

繰り返しのお話になりますが、澤木老師が、「凡夫がボツボツ修行して仏《ほとけ》になるんじゃない。はじめから仏《ほとけ》なんだ」とおっしゃる。はじめから仏《ほとけ》なのに、それを外に、自分以外のところに求めようとするから、非常に離れてしまう。「法の辺際を離却せり」と。自分をさておいて、外に、遠くに求めようとする、これは間違いだというんですね。

しかしながら、さんざんに求めてみる、聞いてみる、探してみる。その果てに、求めるものじゃなかった、はじめからいただいていることに、気づくだけのことであったな。そう気づくより仕方ない。気づくまでは、自分をおいて外に求める。そこで、「はるかに法の辺際を離却せり」ということになるのです。

先に出た『従容録』の「地蔵種田」の頌、「参じ飽きて明らかに知る　所求なきことを」の一句が、これですね。すでにはじめから、その中にいたんだと。はじめからその命をいただいて、毎日使っていたんだということに気づくまでは、やっぱり探してみなきゃしょうがないんですね。はじめから万法に証せられている命ということに、なかなか気づかないのです。

達磨大師の「伝述一心戒文」に、「授とは伝なり、伝とは覚なり、仏心を覚するを真の授戒と名づく」と、ありますね。戒を授けるとか受けるとかいうけれど、何かをあげたり、もらったりするわけじゃない。御授戒で、戒師様から戒名や血脈をいただく。あるいは、お師匠様から嗣法する。嗣法の証としてお袈裟などをいただく。けれど、あれは一応の証であって、そんなことじゃないんですね。自分が、ほかならぬ天地いっぱいのお働きをいただいて生きていたのだなと気づく、「仏心を覚する」、これが授戒なんだということですね。

自分自身であるのに、それを外に求める。それが、「はるかに法の辺在を離却せり」で。外に求めるものじゃなかった、自分が初めからそうであった、と気づく。これが「本分人」なのですね。

余語老師がこんな話をされました。サルにラッキョウをやると、皮をむくんだそうな。

最後まで皮だから、腹をたてるという。「皮が身じゃ」、「全部身じゃ」と、おっしゃったことを覚えています。そのように、我われのひと足ひと足が、かけがえのない我が命の一歩一歩です。だから、「地蔵種田」ではさらに、「田を植え飯を摶む家常の事」といいます。田んぼを植えたり、ご飯を食べたりする、何でもないこの一歩一歩が、全部そのまま「本分人」なんだ、その他に仏法はないんだ、と説いております。そして、「参じ飽きて明らかに知る　所求なきことを」。求めて求めて、さんざん探してみて、外に求めるものでなかった、はじめから授かっていたのだ、と気づくわけです。

眼横鼻直を知って空手還郷

同じようなことですが、ちょうどこの、『学道用心集』をお説きになった少し前くらいですかな、ご存知のとおり、道元様が興聖寺で最初の上堂をされていますね。「山僧叢林を歴ること多からず。只、是れ、等閑に、天童先師に見えて、当下に眼横鼻直なることを認得して人に瞞ぜられず」と。「朝朝日は東より出て、夜夜月は西に沈む」

と。その他に仏法はない。だから、仏法なんてものは何もないんだと。ただ、眼が横に鼻は縦についている、ということを知ってきただけだ、と。そういう上堂の最初の一句がありますね。

「空手にして郷に還る。所以に一毫も仏法なし」と。空っぽで還ってきたよ、と。仏法なんていう特別なものを持ってきたんじゃないよ、なんていう言い方をしておられますけど。「眼横鼻直」が仏法ですね。「朝朝日は東より出て、夜夜月は西に沈む」のが仏法です。天地宇宙の働きそのものが仏法だ、ということに気づいた。特別なものが仏法だと思っていたが、そうじゃなかった、と。

道元様はご存知のように、日本で中国へ行くまでに、『大蔵経』を三回も読んだとか、非常に勉強をして行かれました。しかし、向こうでいろんなお方に出会い、如浄様にお会いになって、大きく自分の受け止めを転換して帰ってこられました。そのうえで仰ったのが、今の言葉ですね。仏法というのは特別なことだと思っていた。しかし、そうじゃないんだ、と。「眼横鼻直」、眼は横に鼻は縦に。あるいは、お日様は東から出て西に沈む。要するに、それが仏法なんですね。天地宇宙の働きそのものがそのまま、それが素晴らしい仏法だということに気づいて帰ってきた。特別なものではないから、何も持たず空っぽで還ってきたよ、というのが「空手還郷」ですね。特別なものではないことに気づくためには、道元様のように長いこと探し求めなければいけない。それこそ、道元様も頭を剃ってからそれに気づくまで、十数年もかかっていらっしゃいますね。「修せざるにはあらわれず、証せざるには得ることなし」とは、そういうことなんです。

やっぱり学ぶだけ学び、やってみないことには、「あ、外に求めるんじゃなかったんだ」ということに気づかない。そういう意味では、さんざん求めてもみなきゃならんと、そういうふうに思うわけです。求めるだけ求めて、「あ、最初から授かっていたことに気づくだけであったな」というところまで、行きつかなきゃしょうがないわけなんです。

それが、「人、はじめて法をもとむるとき、はるかに法の辺際を離却せり」。初めは遠くに求めているが、そんなもんじゃないわけだ。それがわかったとき、「法、すでにおのれに正伝するとき、すみやかに本分人なり」。私自身がほかならぬ、仏性そのものであったんだな、ということに気づかなきゃ、しょうがないわけなんですね。さきの、「道始めて成ず」と「道始めより成ず」というのも、そういう意味があるということです。

諸行無常、諸法無我

人、舟にのりてゆくに、目をめぐらしてきしをみれば、きしのうつるとあやまる。目をしたしく舟につくれば、舟のすすむをしるがごとく、身心を乱想して万法を辦肯するには、自心自性は常住なるかとあやまる。もし行李《あんり》をしたしくして箇裡《こりき》に帰すれば、万法のわれにあらぬ道理あきらけし。

「身心を乱想して万法を辦肯するには」の「辦肯」というのは、会得する、合点する、明らかにする、うけがう、そんな意味ですね。「もし行李をしたしくして箇裡に帰すれば」の「行李」というのは日常生活。「箇裡」というのは、自分のいまの脚下、箇《こ》の裡《うち》です。

皆さんもご経験があるでしょう。たとえば、電車に乗ったり船に乗ったりして、外を見ていると、自分が走っているんじゃなくて、外の景色が後ろに走るように見えたりしますね。

飛行機なんかに乗っていますと、雲があると雲が後ろに走っていくように見えます。ところが、一万メートル以上にのぼると、雲も何もなくなり、外に映るものがなくなり、飛行機が動いているのか、動いていないのか、全然わかりませんね。止まっているように感じる。そのように走っていても、外を通り過ぎるものがないと、こっちが動いていることさえわからない。

そのように、外を見ているか、自分を見ているか。自分を見ていると、あ、自分の方が走っていたんだなと気づく。ここで勉強しておきたいことは、「身心を乱想して万法を辨肯するには、自心自性は常住なるかとあやまる」。これは「無常観」です。それから、「もし行李をしたしくして箇裡に帰すれば、万法のわれにあらぬ道理あきらけし」。これが「無我」です。

お釈迦様の教えを一言でいうと、「縁起」です。縁によって起き、縁によって滅する、「縁起縁滅」。これを二本の柱に立てて、時間的縁起が「諸行無常」です。「これ生ずればかれ生ず、これ滅すればかれ滅す」というように、生滅の縦の時間的縁起です。

それに対して、「諸法無我」は横ですね。全部が一つになってかかわりあっていく。一輪のスミレのために、地球が回り、雨が降り、風が吹く、というように、一輪のスミレを咲かせる背景に天地いっぱいがあるというような横の縁起です。私がこうしてしゃべる。皆さんが聞くことができる。その背景に、天地宇宙のお働きを一身にいただいている、という。この一瞬において、横の全部が一つにつながっているはたらき。これが「諸法無我」ですね。空間的な縁起です。

この無常観は、日本ではとかく、寂しいこと、悲しいことというような否定的な受け止めをしていますが、そうではないですね。無常だから病気にもなるけど、無常だから病気も治る。無常だから子どもが大きくなるのと、無常だから歳をとるというのは、同じなんですね。このような、時間的な働き、これが「諸行無常」です。

この「諸行無常、諸法無我」の道理に暗いために一切の苦しみがおきる。これが「一切皆苦」です。また、この流れを「流転縁起」といいます。そして、この苦に導かれて教えに出会うことができるのです。

何度も申し上げて参りましたように、アンテナが立っていなきゃ、どんなに教えを聞

いても身にはつきません。悲しみ、苦しみのおかげでアンテナが立つのです。お釈迦様はよく病人と医者にたとえられました。病気が重いほど待ったなしに医者に行き、医者の言うことをきこうとするように、私たちも苦しみに導かれて、仏法の教えを聞こうとする。苦に導かれて教えに出会い、四諦八正道《したいはっしょうどう》の教えに導かれて、そこに展開する世界が「涅槃寂静《ねはんじゃくじょう》」となるのです。この「一切皆苦」「諸行無常」「諸法無我」「涅槃寂静」を「四法印」と呼びますね。

「諸法無我」というのは、単独で存在するものは何もない。全部かかわりあっている。よく「網羅幢《もうらどう》」といいまして、網の目にたとえる。横の空間の縁起です。「無常観」と「無我」と、両方の角度から、この一節はいただいたらいいであろうと思います。

道元禅師の生死観

たき木《ぎ》、はいとなる、さらにかへりてたき木となるべきにあらず。しかあるを、灰はのち、薪《たきぎ》はさきと見取《けんしゅ》すべからず。しるべし、薪は薪の法位に住して、

さきあり、のちあり。前後ありといへども、前後際断せり。灰は灰の法位にありて、のちあり、さきあり。

ここのところは、道元禅師の生死観といただいたらいいと思います。

「たき木、はいとなる」のお話で、面白いお話があります。瀬戸の加藤唐九郎さんのお弟子さんで、唐九郎の最期を看取った、加藤錦三さんという方がおられます。ここはよく、お茶碗を作っては届けてくださるんです。あるとき、織部《おりべ》の見事な窯変《ようへん》のお茶碗を持ってきて、こういう話をしてくれました。

瀬戸に一軒だけ、備長炭でうなぎを焼いている店があるんだそうです。備長炭というのは和歌山のウバメガシという堅い樫の木で焼き上げた炭なのだそうです。陶芸家にとっては灰が非常に大事だから、その備長炭の灰をもらい受ける特約をして、使っております、という話を聞いて、面白いなと思いました。

非常に美しく窯変した茶碗を前に置いて、こういう話をされました。たとえば、備長炭の灰を使って釉薬、うわぐすりにする。次に大事なことは、千度に窯の温度を上げるのに、たとえば十時間で千度に上げても焼けはします。焼けた、というだけです。同じ千度に上げるのに、二十時間三十時間という長い時間をかけて上げていくと、その間に、うわぐすりが見事に窯変して、大変美しくなる、というんです。お土産にくださった茶碗に、「私の生涯でも、これほどきれいに窯変した茶碗はないと思います」とおっしゃったのを覚えています。

この話を聞いて、面白いなと思いました。この道元様の、「たき木、はいとなる」の御文章と重ねてみましてね。道元様は「たき木、はいとなる」の二つですけれど。和歌山にしかないウバメガシが、備長炭になる。うんとかたい炭ですね。これが、灰になる。同じ灰でも、備長炭の灰は、いいんだそうです。陶芸家は、何を作るかで灰を選ぶというんですね。

そして、その灰が釉薬になる。うわぐすりになる。ここでもう一つ、窯の温度を上げるのに、何十時間という時間をかけるという。これが「縁」ですね。「因」プラス「縁」によって、うわぐすりが、非常に美しく窯変する。私は、こう並べてみたんです。

ウバメガシはウバメガシ、炭は炭、灰は灰、釉薬は釉薬。全部違います。全部違うけれど、つながっている。

仏教では生命をどう見るか。断見でも常見でもない。断見外道、常見外道、とありますけどね。なくなってしまうんだという見方が断見です。ずうっとこの姿が続いていくとみるのが常見です。仏教はどちらでもないですね。キリスト教の場合は、常見でしょうね。仏教の場合は、変わりつつ永遠の生命を生きる、という説き方をしています。

西田幾多郎先生は、これを「非連続の連続」と表現しています。ウバメガシ、炭、灰、釉薬と、続いてはいるけどもまったく違う。ここを道元様は、「それぞれの法位」という言い方をしているわけです。

もう一つ、藁灰で真っ白い釉薬を作る。ところが、あるときその釉薬に斑点が出た。びっくりして、藁を提供してくださった農家の方に聞いたら、消毒したという。消毒が斑点として出たわけですね。

前に「仏性と悉有」のところで、まど・みちおさんの「水はうたいます」の詩をご紹介いたしました。一つの水が縁にしたがって雲や雪や氷というように、気体や固体のかたちをとる。具体的に気体や固体の形をとると、生まれる日があると同時に、消えてゆく日がくる。しかしなくなってしまったのではなく、水からいただいて水に還っただけ。という角度からお話をいたしました。

ここでもう一つ、付け加えておきたいことがございます。たとえばこの水が濁っていたら、雪や氷になっても、またこの雪や氷が水に戻っても、濁っていることにおいては変わりない。消毒した藁が釉薬となっても斑点となって相続されているように。これを業報《ごうほう》相続といって、仏教ではこの立場をとる。

断見のように全くなくなってしまっていたら、追善供養の意味もない。業報相続の形でつながっているものがあるから、追善供養の意味もある、ということを心にとどめておきたいと思います。

それから、もう一つ、ここで心にとめておきたいことは、同じものも時間をかけるということによって変わってくるという、これが「縁」ですね。「たき木、はいとなる」ということでは、薪と灰という「法位」の話だけで、縁は出てこないと思いますけども。ここで一つ大事なことは、二十時間三十時間かけるという縁によって、うわぐすりが見事な窯変をする。ここですね。

「唯識」の太田久紀先生が、こういうことをおっしゃった。「仏教は因果論というけれども、我われが発言権を持っているのは因だけ、果に発言権はない。どう結果がでるかわからない。ただひたすらに、よき師のおおせのままに、限りなくよき因を積むのみ」、と。これが「縁」ですね。縁によって、果は変わる。よき師という縁を持つことによって、結果が変わってくる。

前後際断

たき木はたき木の法位、灰は灰の法位、と前後はあるけれど、前後際断して、今ここの配役に徹して生きる。前後際断して、これが大事ですね。引きずらない。これがこの「法位に住する」ということです。

この「前後際断」ということで、お話しておきたいことがございます。余語老師がよく「円環的思惟法」ということをおっしゃいました。人生を直線的に考えず、円相で考える。円相そのものには始めも終わりもない。始めも終わりもないということは、言い換えれば、どの一点を押さえても終着点であると同時に出発点であるということですね。お互い様に、たとえば三十代でも五十代でも七十代でも、あるいは私のように九十歳になっても、いままでどう生きてきたかの総決算の姿が、今のお互いの姿なんだといえます。

同時に、いまはまた、明日への未来の出発点に立っているのです。いいですね。何歳であろうと、出発点ですよ。その今を、前後を断ち切って、今の配役に徹する。それが「法位に住する」ということでしょう。

ところが、一つ間違えると、いつまでも過去を引きずる。それから、来るか来ないかわからない未来をとりこし苦労する。それでは前後際断してはおりませんね。

石川県松任にある浄土真宗のお寺、本誓寺様へ何度もお話に参らせていただきました。千年の歴史を持っておられ、沢山の宝物がある。その宝物の一つに、幽霊の絵がありま す。そこで御住職の松本梶丸先生が、幽霊に三つの特徴がある、というお話をされました。一つは、おどろ髪を後ろに長くひいている。一つは、両手が前に出ている。一つは、足がない。これには、それぞれ意味があるというのです。

おどろ髪を後ろに長く引いているのは、すんでしまってどうにもならないことをいつまでもグズグズと引きずっている。反省するのと引きずるのとは違います。反省はしなきゃならない。なんともならないものをいつまでも引きずる。これがおどろ髪を後ろに長くひいているという姿です。それから、来るか来ないかわからない未来を、いつまでもとりこし苦労する。これが両手が前へ出ている姿です。生きているということは、今ここの一瞬でしかない。それを心が、過去へ、未来へと飛んでしまって、今ここを限りなく取り逃し続けていることを、足がない、という姿で表すんだ、と。

こういう話を聞いて、なるほどな、と思いましてね。我われもうっかりすると、幽霊になってしまっていると思ったことです。「前後際断」していう言葉は、過去がいかにあろうと、いいことであろうと、悪いことであろうと引きずらない。未来をとりこし苦労しない。前後際断して、今日《こんにち》、ただ今の、この一瞬に全力を注ぐ。この生き方、これが円環的思惟法からの学びの、もう一つであると思うのです。

今日はそこの置き床に、椎尾弁匡僧正のお歌を掛けておきました。私が東京の大学に長いことうろうろしていたころ、芝の増上寺の僧正が椎尾弁匡僧正でした。ですから七十年ほど前のことになります。

時はいま　ところ足もと　そのことに
　うちこむいのち　永久の御いのち

「時はいま　ところ足もと」とは、前後際断して、今ここの配役に立ち向かう。それが「法位」ですね。今ここの配役が、灰の配役か、炭の配役か、釉薬の配役か。具体的には、台所の配役か、便所掃除という配役か。なんでもいいんです。前後際断して、自分の今ここの配役に命をかける。これより自分の人生を生きる道はないわけですね。

生も一時の位、死も一時の位

かのたき木、はいとなりぬるのち、さらにたき木とならざるがごとく、人のしぬるのち、さらに生《しょう》とならず。しかあるを、生《しょう》の死になるといはざるは、仏法のさだまれるならひなり、このゆえに不生《ふしょう》といふ。死の生にならざる、法輪のさだまれる仏転なり、このゆえに不滅といふ。生も一時のくらいなり、死も一時のくらいなり。たとへば冬と春とのごとし。冬の春となるとおもはず、春の夏となるといはぬなり。

私は道元禅師の御文章を拝読する度に思うのですが、何気ない散文にまで、みごとな対句を持ってこられている。身につかれた文才であったと思うんですが、リズミカルで、なめらかに読んでいかれる。

私の友達が、「『正法眼蔵』は、一字一字、あまりつっついて読まないで、少し離れて、声を出してリズムとして読め」と言っていました。なるほどと思う一面があります。

ここの御文章はわかりにくいようですが、ひと言でいえば、「不生不滅の生命を生死する」、あるいは「生老病死」。この一言にまとめることができると思うんですよ。

不生不滅の生命というのは、「仏性」です。仏性の命、真如という言葉を使ったり、『般若心経』でいったら「空」という言葉で表現したり。いままでお話してきた例でいいますと、雲や雪に対する水の命、春と梅にたとえれば春、これが不生不滅の生命です。それが雲や雪という具体的姿をいただけば、溶ける日もある、消える日もある。梅や桃という具体的姿をいただけば、固い蕾の日もある、散る日もある。生老病死がある。しかし、水の命、春の命は消えてなくなることはありません。

「生も一時の位、死も一時の位」。今ここの法位、今いただいた、それぞれの配役に徹する。まど・みちおさんの詩でいうならば、変わりつつ永遠の命を生きる。今は川という配役だ、川という配役のどんどこに徹することが、水という永遠の命を生きることになるんだ、と。そういうことですね。

『新約聖書―マタイ伝七』にありましたね、「たたけよ　さらば開かれん」と。私は若いころ、生意気に理屈をいいましてね。『修証義』には、「広大の慈門を開きおけり」とあります。このように、最初から開かれているものじゃないか、叩かなきゃ開かれないのか、と反発したことがあります。しかし、開かれている門であろうとも、本気で叩くという姿勢がなかったら、開けないですね。向こうの問題じゃない、こっちの問題です。

柳宗悦さんの言葉に、「タタケトナ　ヒラカレツルニ」というのがあります。『修証義』の「広大の慈門を開きおけり」の言葉も、いずれも過去完了形ですね。すでに開かれている。そこに入るか、入らないかは、こっちの問題です。切に求めるという、切に叩くという姿勢がなかったら、開かれていても、いただけない。問題はこっちなんですね。

今ここの生き方しだいで、開かれた扉も閉じる、とても開きそうにない扉も開くことが出来る。今ここの生き方ひとつで、しょうもない過去もプラスに切り替えることができる、素晴らしかった過去もマイナスにしてしまうこともある。過去を活かすも、殺すも、未来を開くも閉じるも、本日ただいまの生き方にかかっている。「前後際断」して、今日ただいまの配役、法位に徹する。それしかない。と、心にとめてまいりましょう。

月のたとえ

人の、さとりをうる、水に月のやどるがごとし。月ぬれず、水やぶれず。ひろくおほきなるひかりにてあれど、尺寸《しゃくすん》の水にやどり、全月も弥天《みてん》も、くさの露にもやどり、一滴の水にもやどる。さとりの、人をやぶらざること、月の、水をうがたざるがごとし。人の、さとりを導礙《がいげ》せざること、滴露の、天月を導礙せざるがごとし。ふかきことは、たかき分量なるべし。時節の長短は、大水・小水を撿点し、天月の広狭を辦取すべし。

前にも、澤木老師の「凡夫がボツボツ修行してほとけになるんじゃない、はじめからほとけなんだ。それに気づかずまよっているのを凡夫と呼ぶ」とのお言葉をご紹介しましたね。

また、大智禅師の「仏成道」の偈の「道始成」の三字について、「道始めて成ず」と

「道始めより成ず」の二通りの読みがあり、私は両方とも必要だと申し上げました。

　同じことが『般若心経』でもいえますね「摩訶般若波羅蜜多」の、「摩訶」も「般若」も「波羅蜜多」も梵語ですね。「波羅蜜多」、パーラミターは訳して「到彼岸」。これを「彼岸に到る」、と読むと未来形。しかし本来の意味は未来形ではなく、「既に到っている」、と、過去完了形です。あるいは、余語老師は、「彼岸到」、彼岸が向こうから来た、というような言い方をされました。

　最後の「ギャーテーギャーテー」も同じ意味です。マックス・ミューラーは「行けり、行けり」と、過去完了形で訳している。それに対して高田好胤先生は、「行こう、行こう」と未来形で訳している。両方あります。はじめから仏さんなのです。だけど、やっぱり、「あ、そうであったか」と気づかなければ、いきてこない。そういう意味で、「行こう、行こう」という未来形も必要だと、私は受け止めています。

「人の、さとりをうる、水に月のやどるがごとし。」ここで「月の」といいますけど、ここでは月という個別の存在ではなく、月光、無限定の月の光、こう受け止めてください。月の光とは、仏性のことです。無限定の月の光だから、どこまでも平等に行き届くわけです。無限定の仏の命、仏の働き、それを月の光にたとえます。この月の光は、限定した姿を持たないからこそ、すべての上に入り込み、すべてを包みこむ働きを持ちます。大小とか、広狭とか関係なく、どこまでもみんなを包み込み、すべてを生かすという姿を持っているのです。

道元禅師は、仏性の働きを月の光にたとえて、「月ぬれず、水やぶれず。ひろくおほきなるひかりにてあれど、尺寸の水にやどり、全月も弥天も、くさの露にもやどり、一滴の水にもやどる」と説いておられます。

天地悠久の働きを光にたとえるということは、仏教の初めからあったんでしょうね。奈良・東大寺の毘盧遮那仏というのは、梵語です。訳して「遍一切処」遍く一切の処にゆき渡っている、という意味です。平安朝へくると、真言宗では大日如来。光明遍照といって、やっぱり光ですね。阿弥陀如来の阿弥陀という言葉も梵語で、訳して無量寿光如来。やっぱり光です。無量寿、これは無限の時間、無限の空間。その働きを光にたとえるのです。

寺を意味する卍は、めくるめく太陽の光を象徴したものだそうです。インドへ行かれた方はお気づきかと思いますが、仏教だけではなくて、ヒンズーのお寺にも卍が出てきますね。というように、働きを光にたとえる。仏性を光にたとえる。

何年か前に、「月」という勅題が出ました。私はこんな歌をつくりました。

くさぐさの　葉末にやどる　白露の
　　　　一つひとつに　月影の澄む

小さな露の一つひとつに、まったく斉しく月影が宿っています。余すことなく、地上のすべてに宿っています。

かつて日食がありまして、午前十時くらいでしたね。ちょうど信州におりまして、そろそろ日食の時間だと思って廊下に出てまいりました。私の寺は東側に大きな藪椿がありまして、その前に廊下があって、いつもですと、藪椿を通しての木漏れ日が廊下に丸く踊っているのです。ところが、日食のとき、三日月形の木漏れ日が廊下いっぱいに踊っているのを見まして、びっくりいたしました。木漏れ日というのは丸いものだと思っていたけれど、あれは太陽の丸だったので、日食になって三日月形になったら、木漏れ日も全部三日月形になるんですね。あたりまえのことですが、やっと気がつきまして。一億五千万キロの彼方から、太陽が自分の姿をこの地上のすべてに落としているんだと、非常に感動したことを覚えております。

「さとりの、人をやぶらざること」悟りが人を破損する、前と違ったものにするわけではありません。すでに備わっていること、本具に気づくだけですからね。「月の、水をうがたざるがごとし」、お月様が宿っても、その水に穴を開けるわけじゃない。「人のさとりを導礙《がいげ》せざること」。導礙というのは、邪魔するということです。「滴露」というのは一滴の水。一滴の水も、天の月を映すのに、何のさし障りもないものであるというわけです。そうして、本具に気づくことで、いっそう光を増してくる。

「ふかきことは、たかき分量なるべし」。深い受け皿がなかったら、深いものは頂戴できない。あるいは高いものは頂戴できない。受け皿の大きさしかいただけないんですね。

自分の立場からしか見ない

身心に、法いまだ参飽《さんぽう》せざるには、法すでにたれりとおぼゆ。法もし身心に充足すれば、ひとかたはたらずとおぼゆるなり。たとへば、船にのりて山なき海中にいでて四方をみるに、ただまろにのみみゆ。さらにことなる相《そう》、みゆることなし。しかあれど、この大海、まろなるにあらず、方《ほう》なるにあらず、のこれる海徳、つくすべからざるなり。宮殿のごとし、瓔珞《ようらく》のごとし。ただわがまなこのおよぶところ、しばらくまろにみゆるのみなり。

まことに、この通りですね。受け皿の大きさしか、持ち合わせている寸法の大きさしか、いただけない。「身心に、法いまだ参飽せざるには、法すでにたれりとおぼゆ」。勉強しない者ほど、法が満ちみちていない者ほど、もう充分だと思うものです。

澤木老師ほどの方が、「正気になればなるほど、自分のお粗末さ加減がよくわかる」

とおっしゃいました。学びが深まるほどに、自分のお粗末さ加減がわかる。まことにその通りですね。「十万億土というのは、自分から自分への距離だ」ともよくおっしゃいました。学ぶほどにわかっていない自分、出来ていない自分に気づくのです。

「井のなかの蛙、大海を知らず」という言葉がありますね。私は思うんですが、井のなかの蛙でしかない自分を知るためにも、大海を知らなきゃならない。大海を知ることで、自分が井のなかの蛙でしかないことに気づく。これが大事ですね。

私はここ尼僧堂の雲水にも、それから本山へ行っても雲水さんに言うんです。自分がいかにわかっていないか、ということがわかるまで、せめて修行道場にいなされ、と。自分がわかっていないということさえ、わからない。ちょっと覗いて、もうわかったような気分になるのが意外に多い。それではいけません。

そうですね。船から周囲を見ると円くしか見えない。いろいろなものがあるけど見えない。「まろ」、円いわけでもない。「方」、四角いわけでもない。「海徳」とは、海としてのさまざまな働きですね。これは私どものはかりしれないものがあるわけです。

「宮殿のごとし、瓔珞のごとし。」これは『摂論《しょうろん》』というのに出てくる、「一水四見」のお話ですね。一つの水を四種類に見る。天人は瓔珞と見る。人は水と見る。魚は宮殿と見る。餓鬼は膿血と見る。というように、それぞれにみんな見方が違う。みんな自分の立場からしか、切り口からしか見ることが出来ないのです。

余語老師が、「真理は一つ、切り口の違いで争わぬ」ということをよくおっしゃいました。円筒形の茶筒を横に切ったら、切り口は丸くなる。斜めに切ったら楕円になる。縦に切ったら矩形になる。円筒形の茶筒そのものは一つ、これが真理、切り口が違うから、異なって見えるだけです。

今、世界中で残念ながら争いが続いています。切り口の違いの争いです。しかし、そこで、我われは切り口しか見えていないんだという自覚があれば、争いにはならない。もう一歩進んで、切り口の違いは必要あって生まれたもの、尊重しあい、学びあっていこうじゃないかと、こういう姿になるといいなと思うんですね。

たとえばですよ、キリスト教は流浪の民であり、砂漠の宗教ですね。それに対して、仏教はお釈迦様が王族出身であり、各国の王様方が帰依している。その仏教が中国に伝

わる。中国には「南船北馬」という言葉があって、南船は南半分のモンスーン地帯、北馬は砂漠や騎馬民族の地域。仏教は、中国の南のモンスーン地帯のほうを伝わって日本に来ていますね。

「呉越同舟」という言葉がありますが、呉とか越とかいうのは、中国の南のほうです。仏教に呉音が多いのは、それですね。漢字には呉音、漢音、唐音と、いろいろありますけれど、お経には呉音が多い。修行のギョウは呉音、行為のコウは漢音、行者《あんじゃ》のアンは唐音です。日本に来ると、もう一つ訓読が加わります。

日本も完全なモンスーン地帯、素晴らしい豊かな場所です。そういう恵まれた場所で育った宗教と、厳しい条件の中で育った宗教では、自ずから違っていいはずですね。砂漠の宗教であるイスラムの経典に出てくる極楽の第一条件は、緑と水が豊かにあるところだというのだそうです。

日本はいたるところ、緑の木と豊かな飲める水がある。木がちょっと大きくなると、邪魔になるとか、落ち葉がどうとか言って、もったいなくも伐ってしまう。非常に残念に思います。

砂漠の場合は、さんざんに地下水をあげて、わずかに雑草が生えただけでも喜んでいる。場所によっては、家に屋根がないのだそうです。雨が降らないから、砂埃が入らないための壁だけはあるけれど、屋根は必要ないんですね。また、砂漠では太陽が出ると死だというんですね。モンスーン地帯では、母なる太陽と呼びますでしょう。

というように、違いは必要あって生まれた側面もあるから、謙虚に学びあっていこうじゃないかという姿勢も、必要ではないかなと思います。

自分の持ち合わせの寸法しかいただけない

かれがごとく、万法もまたしかあり。塵中・格外、おほく様子《ようす》を帯せりといへども、参学眼力《がんりき》のおよぶばかりを、見取・会取するなり。万法の家風をきかんには、方円とみゆるよりほかに、のこりの海徳・山徳おほくきわまりなく、よもの世界あることをしるべし。かたはらのみかくのごとくあるにあらず、直下《じきげ》も一滴もしかある、としるべし。

「塵中・格外、おほく様子を帯せりといへども、参学眼力のおよぶばかりを、見取・会取するなり」。塵中とは俗人のなか、格外とは世間の外、いろんなことがあるけれども、どちらにしても、自分の持っている受け皿の大きさしかいただけないんだよというのです。

その自分の持ち合わせの寸法しかいただけない、ということで思い出します。太田久紀先生が、インドのクシナガラにある、お釈迦様が最期を迎えられた場所を、裸足で泣きながら歩かれたという話を聞きました。チュンダの供養でお腹をこわされて、つらい思いをしながら歩まれた、そのときのお釈迦様のいろんな思いが、太田先生の心の中をかけめぐったんでしょうね。裸足でお釈迦様最期の土地を歩きながら、足の裏にお釈迦様の肌のぬくもりを感じ、お釈迦様の声を聞きながら、涙して歩かれたんだと思うんです。太田先生の中に、お釈迦様が豊かに生きておられるから、聞こえてくるんですよね。何もお釈迦様を知らない人にとっては、単なる原野にすぎない。

もう一つ、太田久紀先生が面白い話をされました。日本人はニワトリの鳴き声を、

「コケコッコー」というじゃないですか。英語では「クックドゥードゥルドゥー」。太田先生がロンドンかどこかへ行かれた時に、ニワトリが鳴いた。「クックドゥードゥルドゥー」と鳴くかと思ったら、「コケコッコー」と鳴いた、という話をされました。

持ち合わせの受け皿の大きさしかいただけないということで、もう一つお伝えしておきたいと思います。

『般若心経』のはじめのほうに、「無眼耳鼻舌身意」これが「六根」、主体ですね。「無色声香味触法」これが「六境」で、客体。それから「六識」意識などですね。この「六根」「六境」「六識」の十八界総合で、一つのものを我われは見ている。解釈している。ですから、全部違ったものを見ているわけです。たとえば、眼があって、対象としての花があるとする。「六根」の眼と「六境」の花があれば、そこに認識は成立するかというば、しませんね。「六識」の意識が働かないと成立しません。

かつて、水上勉先生と嵯峨吉兆で対談したことがあります。嵯峨吉兆では、勤め人全部に茶道を教えて、御袱紗《おふくさ》をつけてお給仕させておりました。対談が予定されていたお部屋も、お軸からお花から、実に見事に整っていました。私など、いくらかお茶とお花をやっている関係で、お部屋に入るとまずお軸とお花を楽しませてもらって、それから座ります。ところが、水上先生はまったく関心を示さないのです。要するに、花と眼があっても、認識は成立していないんですね。そこに意識が働かないと。私はお花が好きだからそこに意識が働く。かわりに、たばこは吸わないから門前のたばこ屋も目に入らない。そんなもんです。

さらには、この六根さえも、視力から聴力から全部違う。まして六識のほうになりますと、思い出もつながってきますね。おふくろの味とかね。十八界を総合して一つの認識が成立する。そこを、唯識では「一人一世界」と言っていますね。同じに食事をしながら、一人ひとりがみんな違う。

「塵中・格外、おほく様子を帯せりといへども、参学眼力のおよぶばかりを、見取・会取するなり」。ですから、限りなく学びを深めることで、受け皿を大きくしていきたいと願うことです。

授かりの命・場・時を正念場として生きる

魚《うお》、水を行くに、ゆけども水のきはなく、鳥、そらをとぶに、とぶといへどもそらのきはなし。しかあれども、うを・鳥、いまだむかしよりみづ・そらをはなれず。ただ用大のときは使大なり、要小のときは使小なり。かくのごとくして、頭頭《ずず》に辺際をつくさずといふことなく、処処《しょしょ》に踏飜《とうほん》せずといふことなしといへども、鳥、もしそらをいづれば、たちまちに死す、魚、もし水をいづれば、たちまちに死す。以水為命《いすいいみょう》しりぬべし、以空為命《いくういみょう》しりぬべし。以鳥為命《いちょういみょう》あり、以魚為命《いぎょいみょう》あり。以命為鳥《いみょういちょう》なるべし、以命為魚《いみょういぎょ》なるべし。このほかさらに進歩あるべし。修証あり、その寿者命者《じゅしゃみょうしゃ》あること、かくのごとし。

ここで、「以水為命」とか、「以空為命」というように、「命」という字が出てきます。仏性を「命」と読みかえたと思ってください。仏性が、水という姿をとる。空という姿をとる。あるいは魚という姿をとる。鳥という姿をとる。こう受け止めてください。

また、ここを拝読するにあたって、ちょっと心においていただきたいことを申し上げます。道元禅師は、韻や平仄《ひょうそく》などは、何も考えないで書けばいいとおっしゃりながら、ご自分はどんなものも見事な韻を踏んでおられ、見事な対句や畳字《じょうじ》法を駆使しておられました。畳みかけていく方法を、畳字法といいます。また、対句がふんだんに取り込まれています。それが非常に、読みの上において、リズミカルな表現となっています。

たとえば、「鳥、もしそらをいづれば、たちまちに死す」。「魚、もし水をいづれば、たちまちに死す」。これ、まったく対句ですね。「以水為命しりぬべし、以空為命しりぬべし」。これも対句。「以鳥為命あり、以魚為命あり。以命為鳥なるべし、以命為魚なるべし」。これも全部対句ですね。

しかも、同じ言葉を畳字法でたたみかけている。道元禅師はどうでもいいとおっしゃりながら、ご自分はそういう身についた文才をお持ちでしょう。書かないではおれなかったのかもしれません。このところはとくにそういうことも、心にとどめて読んでいただくといいと思うんです。

「魚、水を行くに、ゆけども水のきはなく、鳥、そらをとぶに、とぶといへどもそらのきはなし」。魚という姿、鳥という姿、人間という姿、草木という姿。まずは、具体的な「悉有」という姿で「仏性」を頂戴している。公案現成ですね。これがまず最初ですね。

そのつぎ。「魚、水を行く」、「鳥、そらをとぶ」、これは授かりの場です。それぞれの授かりの場がある。授かりの姿で、どういう場所を頂戴するか、授かりの場。それから授かりの時があります。

授かりの姿と、授かりの場と、それから授かりの時。お互い様、時々刻々に、今、今、今と時間を頂戴して、そのとき、その場でお互いの配役がある。その配役を正念場としてつとめ上げていくのです。

それから、「ただ用大のときは使大なり、要小のときは使小なり」。そうですね。大空を場として使う鳳もある。大海原を場とする鯨もある。金魚鉢の中を泳いでいるもののもある。どこでもいいんです。どこも天地いっぱい。比べることはない。我われは人間の寸法で比べるけど、比べることはない。どこであろうと、天地総力のお働きをいただいて、今ここを生きています。金魚は金魚鉢の中で泳いでいる。鯨は大海の中で泳いでいる。どこであろうと、ほとけの御命を生きていることに変わりはない。そこに大とか小とか、つまらないとか言うのは人間のものさしです。そこに人間のものさしをはさむことはありません。

仏性の命をいただいて、水という姿になり、空という姿になる。あるいは仏性のお働きをいただいて、鳥という形をとり、魚という姿をとる。以鳥為命、以魚為命、同じことを、言葉を変えておっしゃっています。「色即是空」といって、今度は「空即是色」というのと同じですね。この「命」という字を「空即是色」の「空」にかえてみます。天地いっぱいの仏の御命をいただいて魚となる。天地いっぱいの仏の御命をいただいて鳥となる。天地いっぱいの仏の御命をいただいて、皆さんとなり、私となるのです。「このほかさらに進歩あるべし。修証あり、その寿者命者あること、かくのごとし」。

言葉をいろいろお使い下さるけど、違うことをおっしゃっているんじゃないですよ。「寿者命者」というのは、命あるもののこと。命あるもののあり方はこういうふうだぞ、ということです。授かりの場と、授かりの時と。正念場において「修証あり」。すなわち、行じさえすれば、結果は出るのです。「修」と「証」というのは、一般的には「修行」と「悟り」ということですが、ここでは天地の無限の働きそのものと受けとめてもいいでしょう。

いずれにしても、ここは授かりの命と、授かりの場と、授かりの時を正念場として生きる。気づく気づかないにかかわらず、外れっこない仏の命をこういう姿でいただいた者の具体的な生き方と、そう受け止めてください。

平常心是道のお話

しかあるを、水をきわめ、そらをきわめてのち、水・そらをゆかんと擬《ぎ》する鳥魚あらんは、水にもそらにも、みちをうべからず、ところをうべからず。

ちょっとわかりにくいところですね。魚や鳥は水全体、空全体を知り究めなければ、飛んだり泳いだりできないのではないんだ、ということです。知・不知に関係なく生かされている命の姿です。

天地宇宙の真理、その中にある人の命のありようというものを、お釈迦様、歴代の祖師方、道元禅師はお説きくださいました。それを、「きわめる」。すべてを知り究めるなど、とんでもない話ですわ。私など、さいわいに修行道場においていただき、雲水のおかげで一緒に勉強させていただいて、そろそろ六十年近く経ちましても、まだやっと入口に立つ思いです。

けれども、とにかく今ここの一歩を、やれるだけやらせていただく。それよりしょうがない。全体を知ってから、なんて話じゃないんです。

この知・不知ということについて、趙州《じょうしゅう》と南泉の「平常心是道」という話がありますね。趙州が師匠の南泉に、「いかなるか、これ道」、「道とはどういうことか」と、質問します。これに対して、南泉が「平常心是道」と答えました。これは「びょうじょうしん」と読みましょう。「へいじょうしん」ではありません。

余語老師の言葉をお借りすれば、「平等にして常恒なるものを心と呼ぶ」それが、今ここでの実践道なんだ、と、そういう説明でした。平等にして常恒なるものというのは、仏性のことです。いまのここでいうと公案です。ほとけの御命、天地いっぱいの御命をいただいている。それにふさわしい今ここの生き方をするのが道なんだ、ということです。普段の何気ない平常の心、という意味ではありません。

南泉のこの「平常心是道」の答えに対して、趙州が「道はどこにあるかと、訪ねていくことができますか」とさらに聞きます。そうすると、「訪ねようと思うと、ますます離れる」とお答えになります。道はここなんだから。今ここをおいてどこかへいこうとしたとしても、道からますます離れてしまう、ということです。「しかし、訪ねてみなきゃわからんじゃないですか」と趙州はまた聞きます。それに対して、南泉は「道は知と不知とに属せず」と答えられます。天地宇宙のお働きは、人間の認識にのぼる・のぼらないの話じゃないんだ、ということです。

我われの眠りも授かりものだし、食欲も授かりものだし、人間の思いと関係ないところで、この命、生かされているわけですね。人間の認識にのぼると、のぼらないと、関わらないところで生かされている。そこが、「道は知と不知とに属せず」ということになりますでしょう。それを「究めて」からとか、そんなものではないわけです。

生かされている命というのは、まことに不思議なものです。私の茶道の生徒が、生まれて間もなくの赤ん坊を両親に預けて、お茶の手伝いに来ていた。途中で、「T子がお腹がすいていると思うので、おっぱいをやりに行ってきます」と。赤ん坊がお腹がすくときと、お母さんのおっぱいが満ちてくるときと、一緒なんです。不思議ですね。命が二つにわかれていても、一つ命としてぶっ続いている姿に、私は感動したことを覚えております。

水全体を知り尽くさなければ泳げないなんていうもんじゃない。空全体を知り尽くさなければ飛べないなんてもんじゃない。知・不知と関係のないところで、生かされている我われなのです。

放情と天随

このところをうれば、この行李《あんり》したがひて現成公案《げんじょうこうあん》す。このみちをうれば、この行李したがひて現成公案なり。このみち、このところ、大にあらず小にあらず、自にあらず他にあらず、さきよりあるにあらず、いま現ずるにあらざるがゆえに、かくのごとくあるなり。

余語老師がよくお書きになった言葉に、「放情」と「天随」という言葉があります。気ままわがままな自分を放り出す。これが「放情」。天地宇宙の道理に随順して生きる。これが「天随」ですね。大とか小とか、自とか他とか、是とか非とか、いろいろなのは人間の寸法です。そういう自分の思いを手放して、天地宇宙の真理、道理に随順して今ここを生きる。これが「天随」です。

私が澤木老師にお目にかかった、最初の一句が、「生活の全分をほとけ様にひっぱられてゆくということじゃ」でした。「生活の一分」ならわかりますよね。ここから、ここまでの時間だけ、というなら一分です。全分は、二十四時間体制です。どの一瞬であろうと、人が見ていようといまいと、眠りこけているときであろうと、かけがえのない命の重さに変わりはありません。二十四時間体制、三百六十五日体制。一歩一歩、一息一息、仏様がマルとおっしゃる生き方をしていく。これが澤木老師の「生活の全分を仏様にひっぱられてゆく」という生き方であり、余語老師の「放情」「天随」という言葉にそのまま当たることだろうと思うわけです。

「このみち、このところ、大にあらず小にあらず、自にあらず他にあらず、さきよりあるにあらず、いま現ずるにあらざるがゆえに、かくのごとくあるなり」。あらず、あらず、これを漢字にあてると「非」です。大に非ず、小に非ず、自に非ず、他に非ず。この「非」は、「不」と同じ、さらに「空」と同じです。あるいは「無眼耳鼻舌身意」の「無」と同じ、こう受け止めてください。したがって、この「非」は否定ではありません。

大小とか自他を超えた世界、具体的なものを超えた世界、仏の御命そのもの、お働きそのものが、大という姿をとる、小という姿をとる、あなたという姿をとる、私という姿をとる。天地いっぱいのお働きが千変万化の無限の姿をとる。それが、ここで「大にあらず小にあらず、自にあらず他にあらず」。決まった姿を持たない、ということです。「大用現前、規則を存せず」という言葉がありますね。自由自在に無限の姿をとる。用はヨウと読まず、ユウと読んでください。「大用」は、今ここでいうと、公案です。公案が現成する姿は無限であって、決まったもんじゃない。大きい姿をとったり小さい姿をとったり、あなたという姿をとったり私という姿をとったり。この非ず、非ず、という「非」の字は、そう受け止めていただいたほうがいいと思います。

「さきよりあるにあらず、いま現ずるにあらざるがゆえに、かくのごとくあるなり」。天地いっぱいのお働きそのものは、人間の自覚するしないにかかわらず、太古の昔からあるから、先から「ある」んです。ずっとあるけれども、我われが気づいていなきゃ、「ない」と同じです。そこですね。気づいていなきゃ、ないと同じ。それが、「先よりあるにあらず」です。

しかし、そのつぎに、「いま現ずるにあらざるがゆえに」というのが出てきますね。今初めて出てきたわけじゃないんだ、と。この「さきよりあるにあらず」と「いま現ずるにあらざる」というのは、矛盾した言葉のようですけども、要するに、「いま現ずるにあらざるがゆえに」というのは、もともと備わっているもの、本具だからです。悠久の昔からの天地宇宙の働きです。いまさら、はじまったものではありません。けれども、気づかなければ、本人としてはないと同じです。そこを「さきよりあるにあらず」とおっしゃいました。

「かくのごとくあるなり」。これは「如の是なる法」ということです。『宝鏡三昧《ほうきょうざんまい》』の冒頭は、「如是の法、仏祖密に附す。汝今これを得たり」という言葉で始まりますね。「如是」という言葉は、「かくの如き」と読みたいところですが、「かくの如き」と読む場合は、そのまえに〝かくかくしかじか〟と述べ、それを前提に「かくの如く」と続くものです。ところが真っ先に「如是」と出る。これは「かくの如く」と読まず、「如の是なる法」と読みます。

「如」とは「真如」、「現成公案」でいったら「公案」です。「是」は「これ」と指し示すことができる、具体的姿をもった現象界、つまり「悉有」をいいます。仏性の悉有としての命、春が具体的な桜や桃として咲き散っていくような命を、「汝今これを得たり。」〝あなたはとっくの昔から頂いているんだよ〟と。「得たり」と、過去完了形でのお示しですね。

二十四時間体制の修行

しかあるがごとく、人もし仏道を修証《しゅしょう》するに、得一法通一法《とくいっぽうつういっぽう》なり、遇一行《ぐういちぎょう》修一行《しゅいちぎょう》なり。これにところあり、みち通達せるによりて、しらるるきはのしるからざるは、このしることの、仏法の究尽《ぐうじん》と同生《どうしょう》し同参するがゆえに、しかあるなり。

得処かならず自己の知見となりて、慮知にしられんずるとならふことなかれ。証究すみやかに現成すといへども、密有かならずしも見成《けんじょう》にあらず。見成《けんじょう》これ何必《かひつ》なり。

「しかあるがごとく」このような道理だから、というわけですね。「人もし仏道を修証するに、得一法通一法なり、遇一行修一行なり」。

道元様の教え、仏法の教えをひと言で言ったら、ここに出てくる「遇一行修一行」「一行に遇うて一行を修す」だといってよいほどに、大事な一句だと思っております。たとえば、坐禅ならば坐禅に打ち込む。そこに何かを持ち込まない。少なくとも曹洞宗の場合は、坐禅の中に公案も持ち込みません。

『知事清規《ちじしんぎ》』のなかで、こんなお話がありますね。無著という僧が典座をしているとき、鍋の上に文殊さんが顔を出す、それをぶったたく、というところが出てきます。文殊さんは坐禅堂にいる人で、台所に出てくる人ではないですからね。これは象徴的なお話だろうと思います。無著が典座をしながら、これも修行だ、坐禅と同じだと、自分に言い聞かせて修行していた。その自分の思いをぶったたいたと、こう受けとめるべきであろうと思っております。

私どもの思いの中には、どうも、そういうのがありまして、なかなか一つになりません。台所ばかりやっているとか、畑ばかりしているとかというように、作務ばかりしていると、これも修行だ、坐禅と同じだ、と、自分に言い聞かせないではおれない。どうもそういうところがあります。坐禅のときには坐禅三昧。典座の時は典座三昧。掃除のときは掃除三昧。そこに坐禅とか、悟りとか、修行ということを持ち込まない。ところが、なかなかそうはいきません。

瑩山《けいざん》禅師の孫弟子にあたる方に、大智禅師がおられますね。楠木正成と一緒に後醍醐天皇に忠誠を尽くした九州の菊池一族の、精神的バックボーンになったお方です。この大智禅師が菊池一族に与えたものに、『十二時法語』というのがあります。要するに、今の二十四時間をどう生きたらよいかということを、説いたものです。澤木老師のおっしゃる「生活の全分を仏様にひっぱられていく生き方」というところですね。一部分を仏様のいうとおりにやるのは楽です。何時から何時までやればいい。けれども、そうじゃありません。どの一瞬もかけがえのない命の歩みとして全部つとめる。大事につとめる。それが『十二時法語』です。

前に、宗務庁の東京での「禅をきく会」で、能の金春《こんぱる》の家元と一緒に講師をつとめたことがあるんですね。ご存知の通り、能には、観世とか、宝生とか、金春とかありますね。その金春の家元さん、私がちょっと遅れて楽屋に入ったとき、もうちゃんと紋付き袴の構えで端然と座っておられて。私が席に着くのを待ちかねるようにして、お尋ねになりました。「今日は楽しみにまいりました。若いころから坐禅もしたい、禅のお話も聞きたいと思いつつ、つい家元修行に忙しくてその機を逸してきました。いったい、禅とは何なんでしょうか。禅と生活とはどういう関りがあるのでしょうか」という質問です。

出番五分前です。簡単にこう申しました。

禅にも大きく言えば二つの姿があります。お悟りを開くというのを目的とする狭義の禅もあります。しかし、少なくとも、道元様ご自身は「禅」という言葉も嫌われた。「禅宗」も掲げなかった。「仏法房」と呼ばれたように、道元様はあくまでも、どこまでも仏法であった。たとえば、道元禅師の仏法は、いつから、いつまで、何を、というように、事と時を限らない。全部が命の歩みだから。千日回峰行のような大変なことでも、終わる日がある。ところが、道元様の修行に終わりはない。二十四時間体制。三百六十五日体制。

その譬えとして、家元さんが一曲の能をお舞いになる。舞台に一たび上がったら、どのひと足も、どのひと手も、どのひと声も、あるべきように精一杯、謡い、舞い、そして舞台を下りて、一曲の能は見事に舞い納めたといえるでしょう。一曲の能のなかの、ここからここまでちゃんと舞えばよいというもんじゃない。

家元さんの人生を一曲の舞台にたとえてみてください。人生という舞台のなかには、寝ているときもある。食事をしているときもある。お便所で用を足しているときもある。病気をするときもある。失敗するときもある。いろいろありましょう。全部があるべきように、それなりに、つとめあげる。一曲の舞台として。いかなることがあろうとも、それを、一つひとつを精一杯つとめあげる。これがここでいう、「一行に遇うて一行を修す」です。それが道元禅師のお示しの仏法であり、そのまま、禅と生活とのかかわりなんです。そうお話をしたことがあります。

一つひとつを大事につとめあげる

『典座教訓』に、雪竇重顕《せっちょうじゅうけん》の頌がよく引用されています。ご存知のように、雪竇重顕という方は、『碧巌録』ゆかりのお方ですけども、流れとしては曹洞の流れの方ですね。

一字七字三五字
萬像窮来不為據
夜深月白下滄溟
捜得驪珠有多許

一字七字三五字
萬像窮め来たるに據を為さず
夜深く月白うして滄溟に下る
驪珠を捜得するに多許あり

「一字七字三五字」というのは、古詩です。近体詩は七言絶句とか五言絶句とか、決まっています。それに対して、古詩はでこぼこです。要するに何を言いたいのかというと、人生はでこぼこです。予定通りにはいかない。いろいろあるから、かえって豊かな景色となります。

渡邉玄宗禅師が九十過ぎてから、一人の若い弟子ができました。枕元に呼んで、こう訊かれました。「九十九曲がりの山坂道をまっすぐ行くにはどうしたらいいんじゃ？」と。弟子が「わかりません」と言ったら、「曲がりつつまっすぐ行くんじゃ」と。そうおっしゃって亡くなったという話を聞いたことがあります。

我われは「まっすぐ」というと、何でもかんでも直線にいかなきゃならないと思う。そうじゃないんですね。良寛様が災害の見舞いに書かれた御文の一節に、「災難に遭う時節には災難に遭うがよく候、死ぬる時節には死ぬがよく候」とあります。また、辞世の句に、「うらをみせ　おもてをみせて　ちるもみぢ」と詠まれました。どういう状態であろうと、ほとけの御命を生きていることに変わりはないのだから、一つひとつを大事につとめあげていくのです。

内山老師が晩年、「人生の最期は世捨て人じゃなくて、世捨てられ人状態になるであろう。その〝世捨てられ人状態〟に取り組むことに、生きがいを感ずる」とおっしゃいました。人生にはいろいろあります。気に入ったことも、気に入らないことも。いかなることに対しても、まっすぐに取り組んでゆく。それが「一行に遇うて一行を修す」という姿勢なんです。

「夜深く月白うして滄溟に下る　驪珠を捜得するに多許あり」というのは、夜遅く月が上がって、海の千波万波の全部に影を落とす。一つ残らずの波にお月様が姿をとどめている。ということは、どれもこれも全部ということです。

たとえば、『従容録』第四則の「世尊指地」の頌にこういうのがありますね。

百草頭上無辺春　　百草頭上　無辺の春
信手拈来用得親　　手に信《まか》せ拈《ねん》じ来たり　用い得て親しし

「信」という字は「まかせる」と読みます。「百草頭上」というのは「悉有」、ここでいったら「現成公案」の「現成」のほうです。「無辺の春」が「仏性」、ここでいうと「公案」です。「百草頭上無辺春」。春がすべての草の上に現成する。どの草も、どの花も、春の現成底なんだから、「手に信《まか》せて」選り好みなしに、親しくつとめさせてもらう。

これはそのままに、われわれの人生ですよ。百草頭上というのは、二十四時間体制にあらわれる人生のすべて。いかなる配役を頂戴しようと、あるいは人生の中での生老病死、愛憎、損得、いろいろあります。それを「百草頭上」という言葉で表現する。全部、ほとけの御命のあらわれだ。「世捨てられ人状態」というようなときもあるかもしれない。どれもこれも大事につとめあげる。これが「手に信せ」です。言うことは簡単だけれど、実際は非常に難しかろうと思います。

師家会で九州に行ったときのこと。九州に赴任している私の寺の参禅会員Aさんが、空港まで迎えに来てくれました。会場の皓臺《こうたい》寺まで行く四、五十分のあいだ、家庭のこと、会社のことの悩みを私に話したかったんですね。たまたま、余語老師もその師家会に出るべく一緒の飛行機に乗っておられて、おつきの方と一緒に降りられました。「良かったら、後ろにお乗りください。」と、Aさんの車にお二人乗っていただいて、私は助手席に乗ってAさんの悩みを聞きました。余語老師は、Aさんが私に話しやすいよう、後部座席で行者《あんじゃ》さんと談笑しておられましたけど。人の悩みというのは突き放せば五十歩百歩。聞かなくても見当はつきますわ。

皓臺寺に着いたときに余語老師がこうおっしゃった。「ごくろうさんでしたな」とまず乗せてもらったことのお礼を仰って。そのあと、「人生はな、何にもなかれと願うけれど、何もなくてみぃ、退屈でかなわんぞ。いろいろあるからいいんじゃ」と。悩みを訴えていたAさんが、ほっと肩の荷物が落ちたみたいに、安らかな笑顔をあらわしたことを、いまも忘れません。

道元様は『典座教訓』の最後に、「四運を一景に競う」ということをおっしゃっています。どんなことも、同じ姿勢でつとめあげる、これが「一」。一歩進めて、豊かな景色として受け止める、これが「景」ですね。

一行と万法

次にすすんでいきましょう。

「これにところあり、みち通達せるによりて、しらるるきはのしるからざるは、このしることの、仏法の究尽《ぐうじん》と同生《どうしょう》し同参するがゆえに、しかあるなり」。「これにところあり」というのは、前出の「得一法通一法」、「遇一行修一行」と、よそ見せずに修行するところ、驀直《まくじき》に行ずるところ、これが「これにところあり」です。「みち通達せる」というのは、「遇一行修一行」と真っ直ぐにつとめあげるところに、万法に通じる道が開ける、よそ見せず、驀直に行ずるところ、そこにおのずから万法に通じて道が開ける、ということです。

念のため申し添えますが、「一行」と「万法」とは、「遇一行修一行」と行ずる処、万法に通達するのです。この「一」という字は、「初め」の一であると同時に、一家とか一山というように、「全体」という意味も持っています。

もう一つ、「正」という字は、「一」に「止」と書く。要するに、この「一」は中国の老荘思想によると、天とか神を意味するのですから。「遇一行修一行」の「一行」は、全体に通じる、万法に通じるという意味があると同時に、神仏、仏道の心にそのまま合致していくと、学んでおきましょう。

それから、「しらるるきはのしるからざる」。これはわかりづらいですね。「しらるるきは」というのは、認識の対象です。知るというのは、認識する主体。「しるからざる」は認識ができない。認識する対象が、認識する主体の意識にのぼってこない。このように訳せば、わかりいいかと思います。

ひたすらに、驀直にやっているときには、相手が認識にのぼってきません。よく澤木老師が、「熟睡のとき熟睡を知らず」とおっしゃったけれど、一つのことにわれを忘れて取り組んでいるときは、そのことが認識にのぼってこない。相手と一つになって、それに没頭しているときは、相手がたたないわけです。

「このしることの、仏法の究尽と同生し同参するがゆえに、しかあるなり」。相手とこの私がやっていることとまったく一つになっているから、相手が意識にのぼってこない。いちいち意識にのぼらないところで、一生懸命やる。このへんがね、難しいですね。

たとえばですよ、手ごたえのないところで、皆さんがお寺を守られる。いろんなことをなさる。手ごたえのないところでただ行ずる、ということがなんと難しいかと。手ごたえがあれば、やりがいがある気がするけれど、なんの手ごたえもないところで、ただひたむきにやり続ける。「無所得常精進」という言葉があるけれど、実際上は非常に難しいと思います。

余語老師がやはり、こういう譬え話をされました。山の中腹にお寺がある。周りにお家はない。そこで毎日、一生懸命、お経を読む。鐘を撞く。本人としては、手ごたえがまったくない。しかし、麓から山の中腹を見て、〝あ、灯がともったな〟〝あ、鐘が聞こえてきたな〟と、麓の人の心が安らぐ。けれども、やっている当人には何の知覚もない。

何のやりがいも、何もない。手ごたえも何もないところでやりつづけるというのは、非常に難しい。「もし覚知にまじわるは証則にあらず」意識にのぼってしまったら、本物ではない。手ごたえはないけれど、そこでつとめあげていく。これが大事だと思います。

一人からはじめる

「仏法の究尽と同生し同参するがゆえに、しかあるなり」。ここでもう一つ学んでおきたいことがあります。一人の人がそこで何をしているか、どういう生き方をするか、それが本人の認識にはのぼってこないけれど、その影響がすごく大きいということを、忘れちゃならないと思うんです。

たとえば、お釈迦様が二千五百年前に、すべてを捨てて道を求められ、天地宇宙の真理にめざめられ、八十年の生涯それを説かれた。二千五百年後の今日まで、その教えが脈々と続いて、いま世界に広がっているということ、そんなこと、お釈迦様はまったくご存知ないでしょう。ご自分がひたむきに生きただけなのだけれど、その生き方が今日まで、このように多くの無限の人に教えを伝えられているというのは、すごい話です。一人の生きざまがそういうことだということを、心にとめなきゃならないな、と思います。

そういう意味で、私はよく思うんです。おごりの気持ちではなくて、私一人からはじめましょう、と。私一人くらい、やってもしょうがないと思うのと、私一人からはじめましょう、というのとは全く違う。道元禅師が『随聞記』のなかで、「国に賢者一人出で来れば其の国興る、愚人ひとり出で来れば先賢のあと廃るるなり（一―一六）」とおっしゃっている。まことにその通りですね。やれる・やれないの結果は問わない。私一人からはじめましょう、というのが一つ。

みんなでやっていく

もう一つ、みんなでやっていきましょう、という。両方が必要ですね。「サンガ」という言葉は、和合衆という複数名詞です。坊さんの僧は「サンガ」ですね。一人では坊さんと呼ばないのだ。志を同じくする、三人以上が集まらなかったら、「僧」とは呼ばない。ここを心得ておきたいですね。

人間は弱いから、一人では自分に負けてしまう。澤木老師がよくおっしゃった。「誰しも一分の道心は持っている。小さい火種を、火鉢の冷たい灰の中にばらまいたら消えちゃうだろう。小さな火でもまとめたら、家を焼くほどの大きな力になる。それがサンガだ」と。

お釈迦様も一人ということの弱さを知っておられたんだろうな、と思うんです。よき友を持つことは、人生の最高の宝だ、とおっしゃった。そういうように、「一人から始めよう」という姿勢と同時に、「志ある者とともに一緒にやろう」という、両方の面が大事だろうと思います。
「得処かならず自己の知見となりて」。遇一行修一行、と行ずるところ、おのずから身につく。それが「得処」です。やっただけは間違いなく身につく。おそろしいことですが、毎日をどう生きたか、自ずから身についていく。しかし、本人の自覚にはのぼらない。

かつて、余語老師にここ尼僧堂へ二十年もおこしいただきました。毎年三月が卒業生の送行の時期です。余語老師が二月の涅槃会摂心を終えてお帰りになる前に、その年卒業していく送行者にご挨拶させます。一年で僧堂生活を終え送行する者、三年で送行する者、五年で送行する者が、一緒に老師の前に立つ。不思議なものですね。立っているだけで歴然と違う。一年は一年、三年は三年、五年は五年。恐ろしいものです。

本人は気づかないけれども、やっただけは自ずから身につく。それがここの、「得処かならず自己の知見となりて」の一節です。

見成と何必

「証究すみやかに現成すといへども、密有かならずしも見成にあらず。見成これ何必なり」。「証究」というのは、自分なりに一生懸命つとめてきたこと、実践してきたこと。それが、「現成」は、おのずから現れてくること。「密有」というのは、親密に行ずることです。「すみやかに現成」「かならずしも見成にあらず」。ここで、「現成」と「見成」が出てきますね。この違いを押さえておきたいです。『正法眼蔵』の第一人者である河村孝道先生は、この「見成」を全部「現成」と受け止めています。皆さんのテキストの註にも、「見は現に同じ」と書いてあります。

専門家がそうおっしゃってくださるんだけども、私はどうも異議を唱えたい。道元禅師がわざわざこの一行のなかに、あえて「現成」と「見成」の二つの字を書き替えておられる意義を、私はやっぱり受け止めたい。

「見成」というのは認識にのぼること。「現成」は体で行ずること。「十牛」の話のなかに、第一「尋牛」牛を探す、第二「見跡」牛の足跡を見つける、第三「見牛」牛を見つける、第四「得牛」牛を捕まえる、第五「牧牛」牛を牧する……と、こう続いています。この「見」は最初のほうに出てくる、認識段階です。頭で理解する段階です。

だから、「証究すみやかに現成す」。やっただけのことは現れるけれども、「密有かならずしも見成にあらず」親密にそれを行じているとき、認識にのぼってこない。そういただきたいですね。

それから、この次の「何必」という言葉も一筋縄ではいきません。鈴木格禅先生は「何必」だけで一つの論文を書いておられました、この「何必」という言葉に対して、道元禅師のお話を直接にきいて記録した詮慧《せんね》さんの『御聴書』に、「いずれも定めぬ所を「何必」というなり」とあるとのことです。つまり、公案が現成するのに決まった姿を持たない、千変万化、無限の姿がある、というのですね。

「大用現前、規則を存せず」。で、天地宇宙の働きが無限の姿で展開する。決まった姿をとらない。それを「何必」と呼ぶ、と。そういただいておきたいんです。

そのあとの最後の一段、麻谷宝徹禅師のところは、内容としてそう難しくありません。

宝徹禅師と扇

麻浴山《まよくざん》宝徹禅師、あふぎをつかふちなみに、僧きたりてとふ、「風性《ふうしょう》常住、無処不周なり、なにをもてかさらに和尚あふぎをつかふ」。

師云《いわ》く、「なんぢただ風性常住をしれりとも、いまだところとしていたらずといふことなき道理をしらず」、と。

僧曰《いわ》く、「いかならんかこれ無処不周底の道理」。

ときに、師、あふぎをつかふのみなり。

僧、礼拝す。


夏だったんでしょうね。麻浴宝徹禅師が扇を使っておられた。そこへ、一人の雲水が来て、「風になる素質というのはどこにでもある、風性常住だ。わざわざ扇を使うことはなかろうに」と、質問した。それで、麻浴宝徹禅師が、「あなたはね、風性常住ということは知っているけれども、『ところとして、いたらず』ということを知っていないんだ」とおっしゃる。いうならば、仏性常住ということは知っていても、今ここであおぎだすという、実践を知らん、と示される。

風になる素質、仏性の素質はどこにでもある。あおぎださなきゃ、しょうがないんだと。ここが大事なところですね。いまここで実践する。だから、答えとして黙って扇を使う。

この部分について、澤木老師がこういう説明をされました。この頃は水道になったから、皆さん井戸のことをご存じないかもしれませんけど。井戸は水が出なくなると「呼び水」といって、上から水を入れながら、こうつく。そうすると、下から水が出るようになる。私などは昔の人間だから、最初に信州の寺に行ったときは「釣瓶《つるべ》」でした。それが井戸になりました。それから水道になりました。井戸が古くなって出にくくなると、柄杓で水を上から入れる。入れながら一生懸命つくと、借り物ではない水が出る。つき続けさえすれば、いくらでも出る。たとえば正師家の話をきく、よき師に出会って、よき教えをきく、これが「呼び水」ですね。水を入れてつく。これがここでは、扇を使うという実践です。麻谷宝徹禅師が扇を使うというかたちで、今ここでの実践の大切さを説かれたのです。

仏法の証験、正伝の活路、それかくのごとし

仏法の証験、正伝の活路、それかくのごとし。常住なればあふぎをつかふべからず、つかはぬおりも風をきくべきといふは、常住をもしらず、風性をもしらぬなり。風性は常住なるがゆえに、仏家《ぶっけ》の風《ふう》は、大地の黄金なるを現成せしめ、長河の蘇酪《そらく》を参熟せり。

正法眼蔵現成公案第一

これは、天福元年中秋のころ、かきて鎮西の俗弟子楊光秀にあたふ。

建長壬子拾勒。

風性は常住であるか知らないけれど、それを扇を使うことによって、「大地の黄金なるを現成せしめ、長河の蘇酪を参熟せり」と。やっぱり、どこまでも最後は、今ここで、扇を使うというかたちで実行するのです。「現成公案」の初めに、道元様は「仏法」と「仏道」という表現をしておられました。これですね。

まずは「仏法」、天地宇宙の真理。それを、こうなっているんだ、だからこう生きていこうと、お釈迦様が人間の言葉を借りてお説きくださった。これが「仏教」。それを今ここで実践する、これが「仏道」です。法が公案ならば、これを説いてくださった教えにしたがって、今ここで実践する。そこに風が起こる。これが現成です。今ここで、「遇一行修一行」と、二十四時間体制でそれを実践に移す。そこに風が起きる。これが公案現成です。

というのが最後の、麻谷宝徹禅師の扇を使うという話ですね。何気ない表現ですが、非常に大事です。お互い様に、生生世世にわたって、よき先達とよき友に導かれながら、呼び水を頂戴する。いただきっぱなしでは、呼び水がブクブクブクっと入っただけで終わってしまう。入れながら、つきつづけるという実践、実践することで借り物でない智慧が湧き出づる。要するに風が起きる。最後の一句ですが、非常にわかりいい表現ではありますけど、難しいことです。

お互い様に、日常生活のなかで教えをいかに実践していくか。このことを、「一人からはじめましょう」という姿勢と同時に、「よき仲間の力を借りて、この道を歩ませていただきましょう」という誓願の両方で、歩んでまいりたいと思うことです。

「現成公案」の参究は、一応、これで終わらせていただきます。

あとがき

身心に、法いまだ参飽せざるには、法すでにたれりとおぼゆ。法もし身心に充足すれば、ひとかたはたらずとおぼゆるなり。

塵中・格外、おほく様子を帯せりといへども、参学眼力のおよぶばかりを、見取・会取するなり。

「現成公案」

道を求めて二十四歳の春、入宋された道元禅師が、幸いに正師、如浄禅師に出会うことができ、命がけの御修行の末、許されて嗣法し、帰国されたのが二十八歳。初開道場として深草に興聖寺を開かれ、その夏『正法眼蔵』「現成公案」をお説きになりました。七十五巻本の第一巻を飾るものであり、古来より『正法眼蔵』の骨格を成すものとして、重視されてまいったものです。

私も十五歳でこの道に入って七十六年。早くも九十一歳もなかばを過ぎる歳となりました。幸いに六十年余りを修行道場で修行僧達と同行同修の道を授かり、この間「現成公案」は修行僧達と共に何回か参究させて頂く勝縁を得ました。

この度、幸いに愛知県第一曹洞宗青年会の皆様の発願により、前後十回にわたって眼蔵会を開くこととなり、まず第一に「現成公案」をとりあげさせて頂きました。拝読するほどに冒頭にかかげた「法もし身心に充足すれば、ひとかたはたらずとおぼゆるなり」の一句が心にしみます。澤木興道老師は「深まるほどに足りない自分に気づく」とおっしゃったけれど、深まるどころか一層足りない自分、ようやく入口に立っているのみの自分を思うこの頃です。「参学眼力のおよぶばかり」と道元禅師のおっしゃる浅学の私の提唱を活字にして頂くとは慚愧の至りですが、曹青の方々や有縁の方々のお勧めに従い、上梓の運びとなりました。

まずは眼蔵会を発願し、実践して下さった愛知県第一曹洞宗青年会の第二十四期会長の中村晋峰師、事務局長の西村元臣師を始め、曹青の皆様に深甚の謝意を表したいと存じます。次に上梓にあたり、提唱のテープおこしや編集に尽力して下さった松井量孝師、池田瑞光師を始め、春秋社の社長、小林公二氏、編集長の豊嶋悠吾氏、編集部の皆様の惜しみなきお力添えによるものであることを記して御礼の言葉とさせて頂きます。

令和六年六月十五日

夏安居（中）入制の日

青山俊董　合掌

青山　俊董（あおやま　しゅんどう）
昭和8年、愛知県一宮市に生まれる。5歳の頃、長野県塩尻市の曹洞宗無量寺に入門。15歳で得度し、愛知専門尼僧堂に入り修行。その後、駒澤大学仏教学部、同大学院、曹洞宗教化研修所を経て、39年より愛知専門尼僧堂に勤務。51年、堂長に。59年より特別尼僧堂堂長および正法寺住職を兼ねる。現在、無量寺東堂も兼務。
昭和54、62年、東西霊性交流の日本代表として訪欧、修道院生活を体験。昭和46、57、平成23年インドを訪問。仏跡巡拝、並びにマザー・テレサの救済活動を体験。昭和59年、平成9、17年に訪米。アメリカ各地を巡回布教する。参禅指導、講演、執筆に活躍するほか、茶道、華道の教授としても禅の普及に努めている。平成16年、女性では二人目の仏教伝道功労賞を受賞。21年、曹洞宗の僧階「大教師」に尼僧として初めて就任。明光寺（博多）僧堂師家。令和4年、曹洞宗大本山總持寺の西堂に就任する。
著書：『くれないに命耀く』『手放せば仏』『光のなかを歩む』『光に導かれて』『光を伝えた人々』『あなたに贈ることばの花束』『花有情』『生かされて生かして生きる』『あなたに贈る人生の道しるべ』『今ここをおいてどこへ行こうとするのか』『十牛図　ほんとうの幸せの旅』『美しく豊かに生きる』（以上、春秋社）、『新・美しき人に』（ぱんたか）、『一度きりの人生だから』『あなたなら、やれる』（以上、海竜社）、『泥があるから、花は咲く』『落ちこまない練習』（幻冬舎）、『道はるかなりとも』『禅のおしえ12か月』（佼成出版社）他多数。またCD等（ユーキャン・致知出版社）も多数。著書のいくつかは、英・独・仏語など数ヶ国語に翻訳されている。

『正法眼蔵』「現成公案」提唱

2024年7月20日　初版第1刷発行

著　者　青山　俊董
発行者　小林　公二
発行所　株式会社春秋社
〒101-0021
東京都千代田区外神田2-18-6
電話　(03)3255-9611(営業)　(03)3255-9614(編集)
振替　00180-6-24861
https://www.shunjusha.co.jp/
印刷所　萩原印刷株式会社
装　丁　鈴木　伸弘

ISBN 978-4-393-15003-0　C0015　定価はカバー等に表示してあります。

◆青山俊董の本◆

あなたに贈る ことばの花束

自らの人生で、指針となり慰めとなった数々の言葉たち。やすらぎに誘われる会心のエッセイ。1100円

あなたに贈る 人生の道しるべ

ふと気付いた日々の喜びなどを、心に響く名言を添えて滋味深く綴る珠玉のエッセイ集。1320円

光を伝えた人々 従容録ものがたり

『従容録』の問答を機縁に生活に根ざした「今・ここ」をいきいきと生きるための智慧を語る。1870円

光に導かれて 従容録ものがたりⅡ

『従容録』一則一則の要諦を懇切に解説。豊富な話材を駆使して語る易しい法話集。1980円

光のなかを歩む 従容録ものがたりⅢ

かけがえのない今を、真実に生きるための素材として『従容録』の禅問答を駆使して語る。1980円

手放せば仏 「従容録」にまなぶ

天地いっぱいの仏のいのちを、どう働かせるか。『従容録』のこころをやさしく読み解く。1980円

くれないに命耀く 禅に照らされて

自身の身の置き所を失ったすべての人々に送る、自己再生のための「人生講話」。1980円

生かされて生かして生きる〈新版〉

どんな過去も今日の生きざま一つで光る。人生といかに向き合っていくのかをやさしく語る。1650円

今ここをおいてどこへ行こうとするのか

たった一度の人生、どのように生きるのか。人生の指針となるかけがえのない教えがここに。1870円

十牛図 ほんとうの幸せの旅

仏教の有名なモチーフを用いて、ほんとうの幸せへの旅路を優しく語る。図版と丁寧な解説付。1760円

美しく豊かに生きる 阿難さまと道元禅師「八大人覚」

老いと病を見据え、当代随一の禅僧があなたに贈る、こころに響く人生の処方箋。1870円

▼価格は税込(10%)